A. du Chatellier

de l'Institut

Un Essai de Socialisme

1793-94-95

Réquisitions. — Maximum. — Assignats

Bio-bibliographie de l'auteur

par

M. L. de la Sicotière

Sénateur de l'Orne

PARIS

RETAUX-BRAY, ÉDITEUR

82, RUE BONAPARTE, 82

1887

Un Essai de Socialisme

1793 - 94 - 95

A. du Chatellier

de l'Institut

Un Essai de Socialisme

1793-94-95

Réquisitions. — Maximum. — Assignats

Bio-bibliographie de l'auteur

par

M. L. de la Sicotière

Sénateur de l'Orne

PARIS

RETAUX-BRAY, ÉDITEUR

82, RUE BONAPARTE, 82

1887

BIOGRAPHIE. — BIBLIOGRAPHIE

III

MAUFRAS DU CHATELLIER

La *Revue de la Révolution* doit un hommage particulier à la mémoire de M. du Châtellier. Il avait été des premiers en France, le premier peut-être, à étudier l'histoire de la Révolution dans ses véritables sources, c'est-à-dire dans les documents originaux publics ou privés, à substituer aux généralités nuageuses qui se prêtent trop facilement aux illusions ou aux calculs de l'esprit de parti, le trait net et précis du fait, de la pièce, du témoignage contemporain. Il avait bien voulu nous promettre sa collaboration, et la *Revue de la Révolution* va publier ses importantes études sur le *socialisme* en 1793, 94 et 95, son dernier travail et l'un des plus vigoureux qui soient sortis de sa plume presque nonagénaire. Il en revoyait les derniers feuillets sur son lit de mort.

D'autres travaux importants sur l'économie politique, sur l'histoire générale et particulièrement sur l'histoire de Bretagne lui avaient mérité une juste autorité dans le monde savant. Il était depuis longtemps déjà correspondant de l'Institut, section des Sciences morales et politiques.

Armand-René Maufras du Châtellier était né, le 7 avril 1797, à Quimper, d'une ancienne famille bretonne. Il tenait par sa mère aux Le Bastard, dont le nom, en Bretagne et au dehors, a eu de l'éclat. Son père, homme lettré, avait été secrétaire de l'administration départementale du Finistère et devint juge, puis procureur impérial au tribunal criminel de Quimper.

Ses études classiques, commencées chez un bon curé de village, s'achevèrent au Lycée de Rennes, où il eut pour condisciples Pierre Leroux et le savant médecin Bertrand, père des deux membres actuels de l'Institut. Elles se ressentirent des agitations du temps, peut-être aussi des ardeurs et des mobilités d'un caractère trop impatient de trouver une voie, pour se résigner à la discipline nécessaire pour la suivre avec succès. L'École navale, l'École polytechnique, les commissariats de marine, le droit, le notariat, tentèrent tour à

1

tour ses jeunes ambitions ou celles de sa famille, jusqu'au moment
où il entra dans le service des douanes, à Douarnenez, aux modestes
appointements de 800 fr. par an.

Une étourderie politique [1] le fit envoyer à Signy-le-Petit (Ardennes),
d'où il rentra en Bretagne. Il finit par obtenir la recette de Pont-
l'Abbé qui, bon an mal an, rapportait 1,000 à 1,100 fr.

C'est pourtant dans ces localités, où les ressources littéraires et
scientifiques n'abondaient guère et dans la pratique de ces fonctions
qui n'avaient rien de précisément *dilatant*, que ce jeune homme,
dont l'isolement ou les plaisirs de son âge pouvaient si facilement
arrêter l'essor, sentit s'éveiller en lui les nobles aspirations qui
devaient remplir et honorer sa longue vie. Peinture, poésie, histoire,
sciences naturelles, économie politique, politique même, il aborda
tout, il étudia tout avec ardeur. « Une foule de projets me roulaient
dans la tête », dit-il lui-même dans les *Notes et souvenirs*, où il
rappelle avec beaucoup de charme les années de sa jeunesse,
« depuis que je roulais moi-même sur les routes, courant d'un poste
à l'autre ; mais si j'avais rêvé tour à tour du théâtre, du roman et
de l'histoire, je ne saurais dire ce qui avait pu saisir plus ou moins
vivement mon attention. » Ses premières études scientifiques eurent
pour objet — le croirait-on ? — les religions anciennes et plus par-
culièrement celles de l'Inde. En littérature, *la Mort de Louis XVI*
et *la Mort des Girondins* furent ses premiers succès. Ecrits en
scènes dialoguées, dans le goût romantique du temps, ces deux
ouvrages soulèvent, par leur nature même, un problème intéressant.
Est-il possible, est-il convenable de traduire dans le drame ou dans
le roman les événements contemporains ? de mêler l'art à l'histoire,
la fiction aux réalités ? de chercher ainsi à combler certaines lacunes,
à mettre plus en relief, par une forme vive et saisissante, les faits et
les caractères, à obtenir une vérité plus vraie, si on peut le dire,
que la vérité elle-même, ou du moins une impression, une émotion
plus vraies que celles qu'eût pu produire le simple récit de la vérité ?
A ces questions, souvent et vivement débattues, il est difficile de
répondre d'une manière absolue. Les plus hardis avouent volontiers
qu'il y a grand danger à modifier les éléments de l'histoire, même
sans les dénaturer complètement ; les plus sévères sont bien forcés

---

1. Il s'agissait d'un banquet offert par souscription à deux députés de l'opposition,
Guilhem et Kératry, et où l'on avait bu *aux braves morts à l'armée de la Loire*.
Dans des temps où l'on parle davantage de liberté, le jeune du Châtellier n'en aurait
pas été quitte pour un simple déplacement.

de s'incliner devant les succès obtenus par quelques écrivains, et, pour n'en citer qu'un seul, par Walter-Scott, demeuré le roi du roman historique. Comment seraient-ils plus rigoureux qu'Augustin Thierry, qui a proclamé Walter-Scott « le plus grand maître qu'il y ait jamais eu en fait de divination historique ? » La difficulté s'accroît encore quand il s'agit de faits récents, de certaines figures si augustes, de certaines infortunes si sacrées qu'on ne peut — arche sainte reléguée dans l'ombre du sanctuaire ! — y toucher sans péril. M. du Châtellier ne persista pas dans le drame historique; sa vocation véritable l'appelait à l'histoire sérieuse et sévère.

Une brochure, plus en rapport avec la spécialité de ses fonctions : *Du Commerce et de l'Administration; coup d'œil sur le nouveau système commercial de l'Angleterre* (1826), appela sur lui l'intérêt du comte de Saint-Cricq et le fit passer dans les bureaux du Ministère du Commerce à Paris, avec un traitement meilleur.

Ses *Recherches statistiques sur le Finistère* (1835-1837), entreprises sous les auspices du Conseil général, et publiées par la Société d'Émulation de Quimper, furent également remarquées. C'était l'une des premières statistiques, peut-être la première, conçues et exécutées chez nous, sur un plan large, raisonné et véritablement scientifique. La hauteur des vues générales n'y nuisait en rien à la précision et à la sûreté des détails. Elle lui valut, en 1839, un prix Montyon de 1500 fr. à l'Académie des sciences; elle devait lui ouvrir, longtemps après, les portes de l'Institut. Il fut nommé, en 1858, correspondant de l'Académie des sciences morales et politiques, section de morale.

Nous n'avons pas à le suivre dans les évolutions de sa carrière administrative, dans son retour au pays natal, sous la préoccupation d'aspirations politiques qui n'aboutirent pas, dans ses essais industriels comme pêcheur de sardines, dans ses courtes fonctions d'inspecteur des prisons et des établissements de bienfaisance, dans celles de conseiller municipal et de maire qu'il remplit à Quimper et à Pont-l'Abbé pendant plus longtemps, et dans lesquelles il signala son passage aux affaires par de nombreuses et utiles innovations ; enfin de conseiller d'arrondissement pour le canton de Douarnenez.

Nous ne pouvons non plus que mentionner son mariage, en 1828, avec Mlle Huard, de Pont-l'Abbé, dont le dévouement, l'intelligence et les tendres soins firent, pendant plus de cinquante ans, le bonheur de sa vie.

En 1842, il devint propriétaire du domaine de Kernuz, en Pont-l'Abbé. Le vieux château tombait en ruines. Il le releva et le restaura avec goût. Ce château, agrandi à diverses reprises, est devenu un musée véritable d'art et d'archéologie.

Pendant cinq ans passés à Versailles, où l'avaient conduit l'état de sa santé tourmentée par des fièvres intermittentes opiniâtres, et le désir de compléter l'éducation de ses enfants (1848-1852), sa prodigieuse activité trouva d'autres aliments. Président en même temps de quatre Sociétés littéraires, scientifiques ou charitables, il dirigea leurs travaux avec un zèle et un succès dont Versailles a gardé le souvenir.

Ami intime de M. de Caumont, il avait pris avec lui une part active à l'organisation et aux séances des Congrès scientifiques, dont le jeune savant normand fut le fondateur, et qui, après avoir rendu tant de services en province, suscité tant de recherches utiles, mis en lumière tant de noms modestes, ont si malheureusement disparu avec lui ; à ceux de la Société française pour la conservation des monuments historiques, dont les publications et les réunions n'ont, elles du moins, rien perdu de leur intérêt ni de leur éclat. Il fut, en 1843, un des fondateurs et resta pendant plusieurs années secrétaire général de l'Association bretonne. C'est lui qui au Congrès de Vannes, en 1843, fit adopter l'adjonction à la section d'agriculture d'une *section d'archéologie* qui a bien mérité de l'histoire locale.

Une circonstance toute personnelle devait influencer la direction de ses études.

Un hasard heureux l'avait mis en possession de documents manuscrits, très nombreux et très précieux, sur l'histoire, pendant la période révolutionnaire, de la Bretagne et des provinces limitrophes. Guezno, le conventionnel, avait été chargé de missions importantes dans l'Ouest, avec Guermeur et Brue. Il avait gardé les papiers se rattachant à ces missions, où il remplissait le rôle principal, soit pour se défendre, si quelque jour son honneur ou sa tête se trouvaient menacés, soit pour raconter lui-même la part qu'il y avait prise. Hoche, sous l'empire des mêmes préoccupations, avait, lui aussi, réuni et conservé beaucoup de documents importants. En quittant l'Ouest, il les laissa à Mériage, un de ses aides de camp, qui, lui-même, les transmit à Guezno. Cet énorme dépôt dormit longtemps aux mains de son possesseur. Guezno, receveur des douanes sous l'Empire, n'aurait osé en rien livrer à la publicité. Exilé à la Restauration, il le cacha, à l'insu de tout le monde, dans l'entre-deux d'un plancher, dans sa petite maison d'Audierne. Quinze ans se passèrent. Il rentra en France en 1830. Le dépôt était toujours à la même place, ignoré des nouveaux propriétaires de la maison. Ils se prêtèrent volontiers à l'enlèvement des papiers à la seule condition de la remise en état du plancher qui les renfermait. Mais Guezno était devenu trop vieux et trop infirme pour en tirer parti lui-même. Que fit-il ? Il les donna en bloc au jeune du Châtellier, son parent éloigné, dont l'ardeur au travail et la vive intelligence l'avaient frappé, et qui lui promettait d'en faire la matière d'un livre. M. du Châtellier y réunit beaucoup d'autres pièces, provenant soit de sa famille, soit d'acquisitions avantageuses ; car, dans ce temps-là, les archives publiques et privées étaient à peu près au pillage, et les bonnes occasions ne manquaient pas aux chercheurs. C'est dans cette riche collection qu'il trouva les principaux éléments de son *Histoire de la Révolution dans les départements de l'ancienne Bretagne*, qui parut en 1836, 6 volumes in-8° ; ouvrage important et curieux, devenu rare et resté une source abondante d'informations de toute sorte[1]. Mais ces six volumes n'avaient pas épuisé les trésors de Kernuz[2]. D'autres publications les suivirent, consacrées aux hommes et aux choses de la Révolution en Bretagne et fixèrent l'attention, non seulement de l'Académie des sciences morales qui en eut souvent la primeur, mais de tous les hommes, si nombreux aujourd'hui, qui, en Bretagne et au dehors, s'occupent de cette période si intéressante. On peut y constater un retour progressif et raisonné vers les idées traditionnelles. M. du Châtellier fut toute sa vie un libéral sincère, un vrai patriote, dans la meilleure signification de ces deux mots, souvent mal compris. Mais au début de ses travaux, dans l'ardeur de la jeunesse, les côtés brillants de la Révolution avaient surtout frappé son imagination. Les Girondins, dont son père avait partagé les périls et qui trouvèrent en Bretagne une si généreuse et si touchante hospitalité, étaient pour lui comme des ancêtres. Plus tard, l'expérience, la réflexion, de nouvelles études, sans diminuer son admiration et sa sympathie pour les conquêtes véritables de la Révolution, lui firent voir sous un jour plus sévère les erreurs et les fautes qui s'y étaient mêlées et ac-

1. Traduit en anglais, dit M. Kerviler.
2. Un des plus vifs désirs de M. du Châtellier aurait été de voir publier, dans la *Collection des Documents inédits sur l'Histoire de France* ou dans un recueil du même genre, cette partie de ses archives. C'eût été d'un grand intérêt. Savary, dans son ouvrage souvent cité et si précieux malgré ses lacunes systématiques: *Guerres des Vendéens et des Chouans contre la République française* (6 vol. in-8°, faisant partie de la collection des *Mémoires relatifs à la Révolution française*), n'embrasse qu'une période du temps et qu'une partie des territoires, et n'utilise qu'une catégorie des documents que comprendrait la pubucation des archives de Kernuz.

2

centuer les leçons qu'elles portent en elles. Ses dernières publications
sur l'histoire de la Révolution offrent sous ce rapport un intérêt particulier. M. du Châtellier y a devancé souvent les procédés d'inves-
tigation et les jugements de M. Taine. La collection en est très difficile à réunir.

Voici le catalogue, plus exact et plus complet qu'on ne l'ait encore
donné, de ses nombreuses publications, de celles du moins qui ont été
l'objet de tirages à part. Encore en laissons-nous de côté quelques-
unes, d'une importance secondaire.

I

HISTOIRE GÉNÉRALE ET LOCALE.

Essai sur les salaires et les prix de consommation, de 1202 à 1830...
Paris, in-8°, 1830.

Cours d'histoire locale professé et publié à Quimper. 1832 à 1833.

*Premiers symptômes de civilisation sur les rives orientales de la
Méditerranée.* (Publié dans la *Revue bretonne et maritime.*) S. d.

*Du pays de Galles et de quelques-unes des origines de notre histoire
locale.* Nantes, in-8°, 1840.

Howell-Daa. Lois Galloises. 1840.

*Des alphabets celtiques et en particulier de l'alphabet celto-armo-
ricain.* S. d.

Du commerce et de l'industrie des anciens Indous. Nantes, in-8°,
1846.

Notice sur le château de Kernuz. Caen, in-8°, 1850. (Publié dans le *Bulletin monumental.*)

*L'Inde antique. Extrait d'un ouvrage inédit sur les grandes natio-
nalités des temps anciens.* Paris, in-8°, 1852.

*Crichna. Histoire de Crichna considéré comme mythe et avatar de
la divinité.* Nantes, in-8°, s. d.

Lettres, Notes et Mémoires inédits de Théophile Laënnec. (Publié
dans la *Revue des provinces de l'Ouest,* 1re et 2e année, 1853-1854.)

*Découverte dans le Finistère d'un atelier de figurines gallo-romai-
nes. Lettre à M. de Caumont.* (Publié dans la *Revue des provinces de
l'Ouest.*) Nantes, in-8°, 1856.

*Ce que devint la représentation provinciale en Bretagne, après
l'union de cette province à la France.* Nantes, in-8°. (Publié dans la *Revue des provinces de l'Ouest.*)

La Baronnie du Pont (Pont-l'Abbé), *ancien évêché de Cornouailles.*
Paris et Nantes, in-8°, 1858. (Publié dans la *Revue des provinces de l'Ouest.*)

Étude sur la Bretagne et l'évêché de Cornouailles, 1859. (Publié dans
le *Compte rendu de l'Académie des Sciences morales et politiques.*)

Les anciens évêchés de Bretagne, 1860. (Publié dans le *Compte rendu
de l'Académie.*)

Les Britanni. Essai d'ethnographie, par M. Morin, *professeur à la
Faculté des lettres de Rennes.* 1863.

L'Évêque et la ville de Kemper devant le roi Charles VIII. Brest, in-8°, 1885. (Publié dans le *Bulletin de la Société académique de Brest.*)

Mémoire sur les monuments de Lestridiou, Penmarch et Plomeur (Finistère.) Caen, in-8°, 1866. (Publié dans l'*Annuaire de l'Institut des Provinces.*)

Michel Nobletz et quelques missionnaires du XVIIᵉ siècle, Quintin et Maunoir. 1866.

Académie de Rennes. Rapport sur le concours du prix de 1000 fr. institué par l'Empereur en faveur des travaux historiques. 1869.

Avant et depuis 89. États provinciaux et administrations collectives. Paris in-8°, 1870. (Publié dans le *Compte rendu de l'Académie*, 1869-1870.)

Invasions de l'étranger dans les XIVᵉ et XVᵉ siècles. Documents inédits. Paris, in-8°, 1872. (Publié dans le *Compte rendu de l'Académie.*)

Article nécrologique sur M. de Caumont. 1873.

Fouilles d'un tumulus à Porz-Carn, en Penmarch. 1873.

Le Cloître de Pont-l'Abbé. 1873.

La Réformation de la noblesse dans le XVIIᵉ siècle, et en particulier celle de la Bretagne. (Publié dans le *Compte rendu de l'Académie*, 1876.) 1875.

Notes et souvenirs. Archives de la famille Maufras du Châtellier. Château de Kernuz, près de Pont-l'Abbé. Orléans, in-8°, 1881 [1].

Ce qu'ont toujours coûté les guerres civiles. Un coin de la Cornouaille sous la Ligue. Angers, in-8°, 1881. (Publié dans la *Revue de l'Anjou*)

Les Laënnec. Où est né Laënnec? L'ancien collège de Quimper. 1883.

Études sur quelques anciens couvents de la Bretagne. 1884.

Canonicats et anciens chapitres. Lorient, in-12, 1884. (Publié dans les *Archives révolutionnaires du Morbihan*, t. XIII)

Les Laënnec sous l'ancien et le nouveau régime, de 1768 à 1836. Vannes, in-8°, 1885. (Publié dans le *Bulletin de la Société polymathique du Morbihan.*)

Dans la *Biographie bretonne* de Levot, notices sur *Beslay, Defermon des Chapellières*, etc.

RÉVOLUTION.

La Mort de Louis XVI. Scènes historiques. Juin 1792 à janvier 1793 (s. n. d'auteur). Paris, 1 vol. in-8°, 1828.

---

1. Il nous est doux de rappeler que nous n'avons point été étrangers à cette publication pleine de malicieuse bonhomie et qui fait aimer l'homme dans le savant. C'est sur nos instances vives et réitérées que M. du Châtellier consentit à l'écrire et à l'imprimer pour sa famille et un petit nombre d'amis. Vie privée, famille, relations avec plusieurs personnages considérables, événements politiques auxquels il a été mêlé comme acteur ou comme témoin, anecdotes, études et travaux, ces pages, qui contiennent tant de choses, auraient dû s'allonger, et nous espérions toujours que notre excellent ami y donnerait une suite.

2ᵉ édition (avec nom d'auteur). 1 vol. in-8°, 1830.

3ᵉ édition (avec nom d'auteur). Paris, 1 vol. in-8°, 1875.

Théâtre historique de la Révolution, 2ᵉ livraison. *La Mort des Girondins*, drame en cinq actes. Paris, 1 vol. in-8°, 1829.

L'abbé Le Coz, ancien évêque de Rennes, ses relations avec Carrier, Bonaparte, Pie VII, le comte d'Artois. 1835.

Histoire de la Révolution dans les départements de l'ancienne Bretagne. Paris, Desessart, 6 vol. in-8°, 1830.

La Tour-d'Auvergne, sa statue et sa correspondance. Nantes, in-8°, 1856. (Publié dans la *Revue des provinces de l'Ouest*, 1855.)

Brest et le Finistère sous la Terreur. Brest, in-8°, 1858.

Deux familles bretonnes : les Fréron et les Royou. 1861.

Les 26 administrateurs du Finistère guillotinés le 3 prairial an II. Brest, in-16, 1865. (Publié dans le journal l'Océan.)

Prisons et détenus de l'an II de la République. Paris, in-8°. (Publié dans le *Compte rendu de l'Académie*.)

Documents inédits sur la Révolution. Hoche, sa vie, sa correspondance. Paris, in-8°, 1873. (Publié dans le *Compte rendu de l'Académie*, 1873.)

Correspondance de François Watrin, adjudant général de Hoche, pendant les guerres de la Vendée. Documents inédits. Paris, in-8°, 1875. (Publié dans le *Bulletin de la Société des sciences de l'Yonne*, 1874.)

Le général François Watrin, sa carrière militaire. 2ᵉ notice. Paris, in-8°, 1875. (Publié dans le *Bulletin de la Société des sciences de l'Yonne*, 1875.)

Charlotte Corday. (Note publiée dans la *Revue des provinces de l'Ouest*, 1856.)

Guerres de la Vendée. Correspondances inédites des généraux Travot et Watrin. Paris, in-8°, 1876. (Publié dans le *Compte rendu de l'Académie*, 1875 et 1876.)

L'Église pendant la Révolution. Paris, in-8°, 1870. (Publié dans le *Compte rendu de l'Académie*, 1870.)

Le Finistère et la Persécution religieuse après le 18 fructidor an V. Angers, in-8°, 1882. (Publié dans la *Revue de l'Anjou*.)

Un Député à la Convention (Guermeur). Sa correspondance, de la mort de Louis XVI à la mort de Robespierre. 1884. (Publié dans le journal *la Patrie*.)

Quelques journées de la première République dans les départements bretons. 1884.

Le Maire (de Rennes) Leperdit. (Publié dans la *Revue de Bretagne et de Vendée*, 1884.)

Un Essai de Socialisme, 1793, 94 et 95. Réquisitions, maximum et assignats. (Communiqué à l'Académie des sciences morales et politiques ; le dernier chapitre, publié dans le *Compte rendu des séances et travaux de cette Académie*, 1885 ; l'ensemble, destiné à la *Revue de la Révolution*.) 1885.

Essai de monographie électorale pour les années 1790, 91 et 92.

Brest, in-8°, 1885. (Publié dans le *Bulletin de la Société académique de Brest.*)

III

ÉCONOMIE POLITIQUE ET AGRICOLE. — VARIA.

Du Commerce et de l'Administration, ou Coup d'œil sur le nouveau système commercial de l'Angleterre. Quels sont les intérêts de la France? Paris, in-8°, 1826.

Aux Mânes de la Rochefoucauld, hommage d'un ancien élève de Châlons. Paris, in-8°, 1827.

Excursion dans l'Amérique du Sud. Esquisses et souvenirs. 1828. Poésies.

Annales bretonnes. Quimper, 1832. Il parut 6 livraisons de cette Revue dont M. du Châtellier était tout à la fois le directeur, l'éditeur et à peu près l'unique rédacteur.

A quoi tiennent les crises ministérielles et l'instabilité du gouvernement? 1840[1].

Recherches statistiques sur le Finistère. Nantes, 3 parties in-4°, 1835-37.

Population du Finistère. 1842.

De la bienfaisance publique. Nantes, in-8°, 1844. (Publié dans le *Breton.*)

Des inondations et du régime des eaux en France. Devoirs du gouvernement envers le pays. Nantes, in-8°, 1847. (Publié dans l'*Agriculture de l'Ouest*, 6e vol.)

De la condition du fermier et de l'ouvrier agricole en Bretagne. Paris, in-8°, 1849. (Communication faite à la Société nationale et centrale d'Agriculture, 10 janvier 1849.)

Du concours aux cures de paroisse. Paris, in-8°, 1885. (Publié dans la *Compte rendu de l'Académie.*)

Société d'Horticulture de Seine-et-Oise. Discours prononcé à la distribution des prix, le jeudi 11 mai 1854. Versailles, in-8°, 1854.

A MM. les Membres de l'Académie des sciences morales et politiques. Nantes, in-4°, 1857. Candidature.

De quelques modes de la propriété en Bretagne. — La Quevaise, le Convenant-Franch et le Domaine congéable. Paris, in-8°, 1861. (Publié dans le *Compte-rendu de l'Académie*).

L'Agriculture et les classes agricoles de la Bretagne. Paris, in-8°, 1863. (Publié dans le *Compte rendu de l'Académie.*)

Mouvement des études en province. Paris, in-8°, 1865. (Publié dans le *Compte rendu de l'Académie.*)

Quelle a été depuis trois ans pour l'Agriculture française, l'influence de la nouvelle loi sur les céréales? Quels résultats doit-elle produire dans l'avenir? Caen, in-8°, 1844. (Rapport au Congrès des Délégués des Sociétés savantes, session de 1864.)

1. Nous ne sommes pas sûr de l'exactitude de cette attribution.

Enquête sur l'état de l'Agriculture française en 1865. Paris, in-8°, 1866. (Publié dans le *Compte rendu de l'Académie.*)

La Comtesse de B***. (*Souvenir de 1861.*) Brest, in-16, 1866. (Nouvelle publiée dans l'*Océan.*)

Le Finistère il y a 80 ans. — Une revendication. 1873.

M. du Châtellier a laissé en manuscrit : 1° *Essai sur les grandes nationalités des anciens temps,* 4 vol. in-fol. ; 2° *Évêché et ville de Quimper;* 3° *L'Église pendant la Révolution;* 4° *Études sur les Religions;* ouvrages depuis longtemps commencés et dont quelques fragments, imprimés à diverses époques, figurent dans le catalogue qui précède.

A ces travaux si considérables, il convient d'ajouter la création ou la part prise à la rédaction de nombreux journaux et revues : le *Breton,* de Nantes ; — le *Quimpérois,* de Quimper, 1840 ; — le *Bulletin bibliographique du Congrès des Sociétés savantes,* 1865 et années suivantes; — le *Bulletin de la Société d'Émulation du Finistère,* in-4°, rédigé sur deux colonnes en français et en breton, 1832 ; — le *Bulletin du Comité des Monuments écrits ;* — la *Revue des Sociétés savantes ;* — l'*Impartial du Finistère;* — l'*Océan de Brest,* etc. Ce qu'il a ainsi dispersé à tous les vents de la publicité provinciale de notes précieuses, d'observations utiles, de renseignements de toute sorte, est véritablement prodigieux. Si riches que fussent ses archives, sa mémoire l'était bien davantage encore ; il faut avoir vécu dans son intimité pour se faire une idée de l'abondance et de la variété de sa conversation.

Nous avons vu qu'il avait pris une part active à la fondation de plusieurs sociétés d'études ou de bien public.

Enfin, en 1833, il avait, de concert avec quelques amis, ouvert à la mairie de Quimper des cours publics qui furent suivis avec empressement. Le sien avait particulièrement pour objet l'histoire de la Bretagne et l'histoire locale. Quelques années plus tard, en 1841, sur la proposition de son ancien camarade Dubois, devenu membre du Conseil supérieur de l'instruction publique, on lui offrit la chaire de littérature étrangère à la faculté de Rennes ; il refusa[1].

---

1. M. du Châtellier n'était pas décoré. Il écrivait, le 7 juin 1870, à M. de G ...mont, qui voulait s'entremettre pour lui faire obtenir la croix d'honneur, cette jolie épître :

« Mon cher ami, bien merci de vos démarches avec M. Malaguti.

« Mais voilà déjà bien longtemps que j'entends dire à l'un, comme au baron de Stassart, d'excellent souvenir, qu'*il manque quelque chose à*

M. du Châtellier avait eu la joie et l'orgueil de voir son fils, formé
à son école, après être devenu un élève distingué de Gudin, le peintre
de marine, se lancer avec ardeur dans l'étude de l'archéologie et particulièrement de l'archéologie préhistorique. M. Paul du Chatellier
s'est signalé par de précieuses découvertes, par d'excellents mémoires. Il a pris place aux premiers rangs de cette phalange de jeunes
érudits qui ont voué à la vieille Bretagne un culte véritablement filial
et dont les travaux ne cessent d'enrichir sa couronne historique. Ar-
tiste, savant, travailleur infatigable, c'est à lui que revient l'honneur
de la formation et de l'arrangement de ce musée de Kernuz, un des
plus riches que l'on connaisse en objets et en curiosités de toute nature, mais surtout en antiquités *cello-bretonnes*. Le magnifique menhir
sculpté de Kervadel, découvert par M. Paul du Chatellier, tout près
de Kernuz, en est un des plus rares et des plus précieux ornements.

C'est dans cette belle demeure, où il s'était retiré depuis plus de
trente ans, au milieu de ces trésors de toute nature, que lui et son
fils avaient réunis avec tant de labeur, de patience et de goût, et dont
ils faisaient les honneurs à de nombreux visiteurs de la France et de
l'étranger, avec une grâce et une hospitalité déjà traditionnelles, que
M. du Châtellier s'est éteint le 27 avril 1885, à 88 ans. Son œil noir

ma toilette ; à l'autre, qu'*il croyait la chose faite depuis longtemps ;*
ou bien qu'*il est étonnant qu'on m'ait ainsi oublié :* toutes choses très
aimables et très flatteuses, mais qui devront se continuer malgré votre si
bonne amitié pour moi.

« Quant à demander moi-même et à me présenter comme une victime...
c'est chose tout à fait au-dessus de mes forces, et, dussé-je devenir un
jour, avec 92 printemps, comme Moreau de Jonnès, le doyen de toutes les
académies de France et du monde entier, je ne pourrais me résigner à
traverser les ponts pour aller courir après le suprême directeur des
beaux-arts ou de l'instruction publique. Je serais trop embarrassé de ma
personne et je courrais le risque d'avoir, comme les Anglaises, deux bras
gauches au lieu d'un.

« Mais ce pour quoi je ne serai jamais embarrassé, mon cher ami, ce
sera pour répéter que, depuis bientôt trente ans, chaque année m'apprend
à vous priser et à vous aimer davantage.

« Restons-en là, croyez-moi, et ne nous plaignons pas trop l'un et l'autre
de la part qui nous a été faite dans les choses de ce monde, à vous en
gloire et en juste renommée, à moi en douces jouissances de famille et sa-
tisfaction de quelques devoirs remplis.

« Empressés respects à Madame, et pour vous santé et force, comme
tous vos amis le désirent.

« DU CHATELLIER. »

n'avait rien perdu de sa vivacité, sa haute taille de sa rectitude, sa
parole de son charme, sa mémoire de sa sûreté, son esprit et sa main
de leur activité, son cœur de son affectueuse bonté. Une imprudence
amena une indisposition, cette indisposition un abcès dans la poitrine.
Il succomba après quelques jours de cruelles souffrances, entouré,
du moins, sur son lit de douleur, des plus tendres soins et soutenu
par les espérances d'en haut. J'étais de ses plus anciens amis. Tous
les ans, je faisais un pèlerinage à ce petit sanctuaire scientifique de
Kernuz, dont il était le cher et vénéré pontife. Nul ne l'appréciait
davantage ; nul ne le regrettera plus que moi [1].

L. DE LA SICOTIÈRE.

[1]. Voy. sur A. du Châtellier : Quérard, *France littéraire* ; -- Louandre
et Bourquelot, *la Littérature française contemporaine* ; -- Lorenz,
Catalogue général de la librairie française ; — *Catalogue de la Bi-
bliothèque nationale* ; *Histoire* ; — *le Finistère*, nos des 6 et 9 mai 1885
(articles de M. Hémon) ; - L. de la Sicotière, *Notice biographique*. Caen,
in-8o de 11 p., 1885 (publié dans le *Bulletin monumental*, 51e vol., 1885) ;
— A. Geffroy, président de l'Académie des sciences morales et politiques,
Notice biographique lue à la séance publique du 30 mai 1885. Paris, in-8o
de 14 p., 1885 (extrait du *Compte rendu de l'Académie*) ; — Dr G. de
Closmadeuc, *Éloge de A. Maufras du Châtellier* (lu à la séance de la
Société polymathique du Morbihan, le 26 mai 1885). Vannes, in-8o, de II,
III et 29 p., 1885 ; — A. du Châtellier, *Notes et souvenirs* ; — Larvorre de
Kerpénic (René Kerviler), *La Bretagne à l'Institut, Armand du Châ-
tellier*, 11 p. in-8o, 1885 (publié dans la *Revue de Bretagne et de
Vendée*, 1885) ; —P. du Châtellier, Communications particulières ; — etc.

UN ESSAI DE SOCIALISME

1793-94-95

Réquisitions. — Maximum. — Assignats.

Une loi de circonstance, dite : *Loi révolutionnaire*, fut édictée le 29 vendémiaire an II (10 octobre 1793), au cours de la grande Révolution, et appliquée à toutes les forces du régime alors improvisé.

Saisi des ressources du pays, le Gouvernement de l'époque se développa, sous l'empire de cette loi, dans une période de trois à quatre ans, de 1793 à 1796.

Cette phase tourmentée de l'évolution qui a changé si profondément l'état général de la société française, a été souvent étudiée au point de vue de la sanglante terreur qui fut une de ses conséquences. — Je veux l'étudier dans ce qu'elle eut de plus actuel, relativement à la vie ordinaire des citoyens qui subirent cette dure épreuve, et essayer de dire quel fut le régime économique que cette loi et ce Gouvernement tentèrent d'établir.

---

1. Le travail dont nous commençons aujourd'hui la publication est le dernier qu'ait composé M. du Châtellier, sur lequel nous avons donné une notice biographique et bibliographique dans un de nos derniers numéros. M. du Châtellier était un des hommes connaissant le mieux l'histoire de la Révolution, particulièrement en Bretagne. Il possédait une très riche collection de documents inédits et originaux sur cette période. Presque nonagénaire, il avait conservé une activité et une lucidité d'esprit extraordinaires. Son Mémoire sur le Socialisme révolutionnaire avait été communiqué à l'Académie des Sciences morales et politiques, dont il était membre correspondant depuis 1858. Il avait bien voulu en réserver à la *Revue de la Révolution* la publication intégrale, premier gage d'une sympathie et d'une collaboration à laquelle elle attachait un haut prix.

3

C'est une étude d'économie politique que nous essayons, et nous la poursuivons là où ses fruits se sont développés, sous l'action multiple et changeante des Représentants envoyés dans les départements, avec la mission expresse de régénérer la vieille société française qu'on disait tombée en décrépitude.

Je voudrais par cette étude, faite sur place et pièces en main, dire ce que furent ces missionnaires de 93, et comment ils comprirent cette prétendue LIBERTÉ qui, suivant eux, devait assurer le BONHEUR DU PEUPLE.

Du reste, je confesse très volontiers que mon but n'a été nullement de remettre en question l'œuvre même de la Convention. — Pourquoi l'aurais-je tenté? — Les documents abondent de toutes parts et se multiplient chaque jour. — Le public et les partis se trouvent dans la position d'un jury à qui les pièces ont été remises. — Qu'ils se prononcent en reprenant les faits dans leurs détails, sans oublier les expériences qui ont coûté tant de larmes!

Quelques-uns ont été jusqu'à dire, à l'occasion du titre que j'ai donné à ce Mémoire, dont un extrait a été lu à l'Institut, que le mot de *socialisme* que j'ai emprunté aux doctrines qui se professent chaque jour autour de nous, n'avait même pas été connu du temps de la Convention. — Ne serait-ce pas qu'il se serait trouvé alors des réformateurs pareils à cet immortel personnage qui mit quarante ans à s'apercevoir qu'il faisait de *la prose* quand il demandait ses pantoufles à Nicole?

A. DU CHATELLIER,

Correspondant de l'Institut

RÉQUISITIONS

Les récoltes de 1791 et de 1792 avaient été mauvaises, et le pays était entré, depuis quelque temps, dans les débats animés de la tourmente révolutionnaire. La journée du 10 Août venait d'avoir lieu; le Roi et la famille royale étaient détenus, en même temps que l'émigration et l'éloignement de la noblesse laissaient le champ libre aux passions déchaînées de la populace, qui se ruait sur les prisons où s'accomplissaient les massacres du 2 Septembre. C'est après ces événements que la Convention proclama la République et eut, dès les premiers jours de son installation, à s'occuper des subsistances et des approvisionnements des communes et des armées qui se groupaient sur nos frontières menacées de toutes parts. On peut juger avec combien peu de précision furent posées, dans ces circonstances, toutes les questions qui se rapportaient à l'alimentation du peuple et aux approvisionnements qui devaient assurer les services publics. — La loi du *Maximum* n'avait point encore été édictée, mais elle était déjà demandée et très discutée dans les journaux du temps, où se produisaient toutes les doctrines qui tendaient à établir que le riche devait nourrir et entretenir le pauvre. J'ai relu, à cette occasion, ces journaux et j'y relève ces assertions étranges, *que le blé, comme aliment de première nécessité, ne devait être l'objet d'aucun commerce; que le marchand de blé était un ennemi de la société et que le producteur et le consommateur devaient se trouver en rapport immédiat sur les marchés publics;* enfin, *que si l'agriculteur demandait un prix trop élevé de ses blés, ceux-ci devaient être taxés,* comme le pain l'était lui-même, et qu'à cet effet, *les municipalités et les autorités locales étaient pourvues de l'autorité nécessaire pour aviser à ce remède souverain contre toutes les disettes possibles; car, s'il arrivait, chose impossible à croire,* continuaient ces doctrinaires, *que les laboureurs refusassent de porter leurs blés au marché, on devait les y contraindre;* c'était le droit de l'autorité. Mais, *le premier et le plus important des moyens à employer est d'empêcher tout commerce des blés,* répétait Prudhomme, dans le 177e numéro de ses *Révolutions de Paris.* D'une autre part, *il ne devrait être permis à personne d'avoir chez lui un approvisionnement de blé de plus de trois mois, et chaque laboureur devrait, de son côté, être obligé de faire à sa municipalité, une déclaration exacte des blés qu'il aurait récoltés; déclarations qui seraient vérifiées, sous peine d'amende et même d'emprisonnement.*

Ces idées et ces principes furent d'abord combattus par le Gouvernement; les édits et les décrets, datés de 1790 et même de 1791, y furent formellement opposés; mais le Pouvoir Exécutif bientôt imité par la Convention, cédant aux clameurs publiques, une loi, du 16 septembre 1792, déclara que *tous les propriétaires de grains ne devaient se regarder que comme de simples dépositaires; qu'un recensement des grains serait fait dans toutes les communes, chez les marchands de blé et autres dépositaires* (art. 4); que

des « réquisitions seraient faites pour alimenter les marchés publics,
« et que les blés, trouvés chez les propriétaires ou marchands de
« blé qui auraient résisté à ces réquisitions, seraient confisqués et
« transportés dans les magasins nationaux. »

Ce fut là une des premières manifestations du régime autoritaire
que nous aurons à suivre jusque dans ses dernières conséquences.

Quant à la circulation des blés, il était dit, de tous côtés, que
s'ils circulaient, c'était évidemment par suite de manœuvres coupables de la part d'avides spéculateurs qui se livraient à des acca-
parements contre-révolutionnaires.

Le ministre Roland, par une circulaire, datée du 4 novembre
1792, sur ces accusations, se montra tout disposé à les accepter,
en disant que, *s'il était temps que le commerce des grains ne fût
plus regardé comme un crime* (suivant la doctrine des journaux),
*il était temps aussi que l'on ne souffrît pas que certaines régions
s'isolassent, en disposant tyranniquement de leurs produc-
tions......*

« Car le moment presse, » ajoutait M. le Ministre de l'Intérieur (alors très
« confiant dans ses doctrines), « et il faut que tous les citoyens se soumet-
« tent à l'empire de la Loi. — Les municipalités et les corps administratifs
« vont être renouvelés. Les citoyens intéressés sauront faire de bons choix,
« et la Convention, en ramenant le calme dans la République, fera naître
« ces jours de prospérité que nos détracteurs osent traiter de chimère et
« donnera au monde entier l'exemple du gouvernement le plus parfait qui
« puisse réunir les hommes [1]. »

Roland, dans les premières pages de cette circulaire, avait bien
dit que les recensements ordonnés et les transports de blé avaient
causé des troubles dans une foule de départements; que les
administrateurs, voulant rétablir l'ordre, avaient été injuriés
et blessés; que l'un d'eux, le procureur-syndic du département
de l'Aude, avait même péri dans une émeute.....; mais les citoyens
allaient renouveler les autorités locales et le meilleur des gouver-
nements allait se fonder ! — Tout en énonçant ces faits, le Ministère

[1]. Roland, qui se livrait à ces belles espérances le 4 novembre 1792, ne pouvait
cependant pas avoir oublié ce qu'il avait eu à dire le 29 octobre précédent dans son
rapport à la Convention sur les désordres et les pillages de toute espèce de la commune de Paris, qui s'était complètement soustraite à l'autorité du Gouvernement.

laissait cependant savoir que les 120 kilogrammes de blé se vendaient 60 francs dans le Midi, tandis que dans le Nord, ils n'arrivaient pas à 30 francs.

L'approvisionnement de Paris, qui fut naturellement l'objet tout
particulier de la sollicitude de l'Assemblée nationale et du Gouvernement, parut, un instant, être mis hors de toute éventualité fu-
neste. Une allocation de vingt millions avait été mise à la disposition du Ministre de l'Intérieur, pour maintenir à un prix modéré
le pain servant à l'alimentation de la capitale. Des mesures de police et des taxes survinrent qui fixèrent le prix de la livre de pain
à 3 sols pour les habitants de Paris. — C'était très bien ; mais, quand
le pain se trouva fixé à ce taux dans l'intérieur de Paris, il se
vendait, au dehors, jusqu'à 8 sols. On peut juger des fraudes qui
s'organisèrent, soit à l'intérieur, soit au dehors. Les journaux du
temps sont pleins de détails à cet égard ; les voitures, les charrettes,
les colporteurs, les commissionnaires de toute espèce, sont signalés
comme s'y employant sans relâche. On prodigua les gardes et les
surveillants à la porte des boulangers ; on multiplia les postes aux
barrières de Paris, afin d'assurer les recherches et les visites sur les
voyageurs qui sortaient. Mais rien ne put y faire ; la fraude s'étendit fort au loin et jusqu'aux villes placées à plus de 30 lieues de la
capitale. Il fallut recourir à de nouveaux moyens. Un de ceux jugés
les plus opportuns fut de soumettre les boulangers à un compte
ouvert pour leurs farines, et le consommateur à une déclaration de
ses besoins, suivant le nombre des personnes de sa famille, en même
temps qu'il serait astreint, pour obtenir du pain, à la présentation
d'une carte nominale qui lui serait remise par sa municipalité,
après constatation de son civisme. Cette carte, fort habilement combinée, portait en tête de petits compartiments, dans lesquels étaient
inscrits les jours du mois ; le boulanger y ajoutait la quantité de
pain livrée à chaque demande ; puis, la case du jour était détachée
par le boulanger et jetée dans une tirelire placée sur son comptoir,
où les agents de la commune pouvaient toujours la vérifier.

Voilà quelle fut l'organisation transitoire et momentanée de la
fin de l'année 1792, pour aviser à la disette qui devenait menaçante. Mais, comme on le pense bien, ces mesures ne parvinrent à
rien régler, et une seule chose arriva, c'est que les inquiétudes et
les alarmes de la foule augmentèrent à raison même des mesures
préventives, qui allaient, chaque jour, se multipliant avec une sorte
de frénésie de la part des administrations aux abois. — Entre autres

bruits qui s'accréditèrent rapidement, il fut dit et répété que les
riches et les aristocrates jetaient le pain qu'on leur distribuait dans
les égouts et les lieux d'aisances, afin d'affamer le peuple et
d'amener des troubles ; que la Seine avait plusieurs fois charrié
des pains entiers ainsi livrés à la destruction, et qu'on avait relevé,
dans les égouts, des morceaux de viande et même une chèvre en
vie, qu'un des égoutiers y avait rencontrée.

On peut juger ce que l'écho de ces bruits produisit jusque dans
les départements les plus éloignés. L'inquiétude surgit de toutes
parts, et il ne se fit pas un déplacement d'un sac de blé que les
habitants et la municipalité des plus petites communes ne se
demandassent s'il n'y avait pas un aristocrate et un contre-révolu-
tionnaire méditant un accaparement qui allait affamer les patriotes.
C'est sous le coup de ces inquiétudes et de l'ignorance largement
étendue à la surface, que de nouveaux décrets et de nouvelles mesures
essayèrent de parer à tous les maux que l'on redoutait.

Le Bulletin des Lois et celui de la Convention nous édifieront
complètement sur ce qui fut fait et tenté dans ces circonstances. Il
y a deux lois entre toutes, le décret du 26 juillet 1793 et la loi du
17 septembre de la même année, qui nous diront quelle était l'étendue du mal et comment on espéra pouvoir y remédier. Rien de plus
explicite.

Le décret du 26 juillet est particulièrement dirigé *contre les accapareurs ;* c'est son titre. Et comment les définit-il ?

ART. 2. — « Sont déclarés coupables d'accaparement, ceux qui dérobent
« à la circulation des marchandises ou denrées de première nécessité qu'ils
« achètent et tiennent enfermées dans un lieu quelconque, sans les mettre
« en vente journellement et publiquement. »

Quant aux denrées et marchandises de première nécessité, la loi
les définit aussi, et l'art. 4 du décret porte :

« Le pain, la viande, les vins, les grains, farines, légumes, fruits,
« le beurre, le vinaigre, le cidre, l'eau-de-vie, le charbon, le suif, le bois,
« l'huile, la soude, le savon, le sel, viandes et poissons secs, fumés, salés
« ou marinés, le miel, le sucre, le chanvre, le papier, les laines ouvrées
« et non ouvrées, les cuirs, les fers et l'acier, le cuivre, les draps, la toile
« et, généralement, toutes les étoffes, ainsi que les matières qui servent à
« leur fabrication, les soies exceptées, — sont *des denrées et des mar-
« chandises de première nécessité.* »

C'est entendu, et les objets de consommation étant ainsi classés, il fut prescrit, par l'art. 5, à toute personne ayant quelqu'une de ces marchandises en dépôt, d'avoir, au bout de huit jours, à en faire la déclaration à sa municipalité, avec indication de la nature et de la quantité des objets possédés. — Et la déclaration étant vérifiée, le détenteur, sur l'interpellation qui lui était faite par le commissaire délégué de l'administration, devait déclarer *oui* ou *non*, s'il entendait mettre ses marchandises en vente. Sur sa réponse affirmative, la vente se faisait *sous la surveillance du commissaire.* — S'il ne voulait ou ne pouvait pas les mettre en vente (art. 7), il était tenu de remettre à la municipalité les *factures de ses marchandises,* et la vente s'en faisait par le commissaire délégué de la municipalité, en accordant au propriétaire, *s'il était possible, un bénéfice commercial, d'après les factures communiquées. Si le haut prix des factures rendait le bénéfice impossible, la vente n'en avait pas moins lieu, sans interruption, aux prix courants des marchandises.*

Quant aux *accapareurs* visés par la loi, ils purent devenir nombreux ; car, huit jours après sa promulgation, tout citoyen qui ne s'était pas mis en règle était réputé *accapareur* et puni de mort, avec la confiscation de ses biens. — Les fausses déclarations emportaient la même peine (art. 8 et 9), et les commissaires, convaincus d'avoir abusé de leurs fonctions, étaient également *punis de mort.* — Comme mesures transitoires, il était ajouté que tout marchand en gros ou en détail tenant *marchandises sous cordes, en balles ou en tonneaux,* serait tenu de les mettre en dehors de ses magasins, avec des étiquettes *annonçant la nature et la quantité des marchandises à vendre.* — Puis, comme conclusion à ces mesures, il était ajouté que *tout citoyen dénonçant et faisant connaître des accapareurs, recevrait un tiers des marchandises confisquées.* — Dans le cas où il ne se trouvait pas de dénonciateurs, le produit des matières confisquées et vendues se partageait, par moitié, entre la République et les indigents de la municipalité.

Si l'on s'arrête à la portée visible de ces prescriptions et à l'énoncé des denrées et des marchandises désignées par l'art. 2 de la loi, on ne peut regarder celle-ci dans son ensemble que comme l'acte constitutif du *communisme* qui allait s'établir. C'était sa *charte d'institution* [1].

---

1. Les tribunaux et les comités révolutionnaires chargés de l'exécution de cette

Le décret du 17 septembre 1793, qui suivit de près la loi du
26 juillet, n'en est que le complément ; et, en traitant particulièrement des grains, il ne fit que confirmer ce que le décret précédent
avait posé en principe.

Les agriculteurs et les marchands de blé et de farine, y compris
les meuniers et les boulangers, furent astreints à un compte ouvert
soumis à la vérification des municipalités, sous le coup des peines
les plus sévères, confiscation et détention. Les meuniers, comme les
boulangers, ne purent abandonner leur industrie sans autorisation,
et leur salaire était lui-même réglé. Pour ce qui regardait l'agriculteur, producteur de grains, la loi avait été extrêmement sévère.
Il n'eut que 8 jours pour déclarer les grains qu'il pouvait posséder
(art. 2 et 3). Les municipalités étaient autorisées à faire toutes les
visites domiciliaires jugées utiles (art. 4). Aucun blé ne pouvait être
vendu autrement que sur le marché public, et celui-ci devait être
alimenté suivant les réquisitions de l'autorité (art. 1 et 2, II⁰ section). Des amendes et des confiscations répondaient de l'exécution
de la loi à l'égard des simples agriculteurs comme des fonctionnaires
publics. Le taux des approvisionnements de chaque famille était
lui-même réglé, et les manouvriers de la campagne n'avaient droit
qu'à un approvisionnement d'un mois. Enfin, tout déplacement de
grains ou de farines devait être assuré par des déclarations et des
acquits-à-caution. La prison et la confiscation des marchandises et
des moyens de transport répondaient de l'exécution de la loi.

C'était, pour les grains et les farines, la mise sous la main de
l'autorité de tous les produits et de leurs possesseurs, comme
agents employés à leur conservation et à leur maniement. — Le
régime n'allait pas tarder à se compléter, à l'aide du *maximum*, qui
devint promptement d'une application universelle. Nous aurons à
nous en occuper plus tard.

---

loi ne s'y épargnèrent pas. — Nous avons un jugement du tribunal criminel de l'Orne
daté du 3 prairial an II, qui condamna à mort deux pauvres mendiantes de Sées,
Catherine et Françoise Fremont, au domicile desquelles on avait trouvé, cachés dans
leur lit et sous des guenilles, une certaine quantité de morceaux de pain moisi, de la
farine gâtée et six fromages corrompus. — Robillard de Beaurepaire : *Le Tribunal
criminel de l'Orne.* — Paris, Durand ; in-8°, p. 31.

Plusieurs arrêtés des représentants Laignelot et Jean Bon-Saint-André, datés de
Brest et se rapportant aux départements du Finistère, du Morbihan, des Côtes-du-
Nord et de l'Ille-et-Vilaine, prescrivirent de traiter comme suspects tous les citoyens
qui se refuseraient à l'exécution de cette loi.

Mais, voyons les choses de plus près, et essayons de savoir ce qui se passa dans les provinces, et comment cette loi et celles qui lui servirent de corollaires furent comprises et appliquées.

Nous assistons à une séance publique du directoire du district de Brest, avant que le Gouvernement révolutionnaire, décrété le 19 vendémiaire an II (10 octobre 1793), fût venu en chasser les élus du peuple. Le citoyen Le Hir, comme substitut du procureur-syndic, expose qu'une loi du 11 septembre, ayant fixé un « *maximum* « *du prix des grains, farines et fourrages*, il y a lieu d'aviser à « prendre les mesures nécessaires pour l'exécution de cette loi. »

Si j'en juge par le procès-verbal, la délibération fut courte, et il fut décidé, *de plano*, qu'*il serait procédé, sur-le-champ*, « à la no-« mination de 36 commissaires qui seraient répartis en 9 commis-« sions chargées de se transporter, sans délai, dans toutes les com-« munes du ressort, pour surveiller l'exécution de la loi sus-men-« tionnée, et prendre, de tout propriétaire ou dépositaire de grains, « farines ou fourrages, une déclaration de la quantité et de la na-« ture des matières provenant des récoltes dernières ou précédentes « qui pourraient se trouver en leur possession. »

Il était ajouté à cet arrêté et par forme incidente :

1° Que les mêmes commissaires s'assureraient, près des municipalités, si elles avaient dressé, comme on le leur avait demandé, *un état de tous les bois de haute futaie et des bois taillis appartenant à des Émigrés ou autres particuliers*.

2° Si elles avaient dressé l'état des armes de tout genre qui pouvaient exister chez les particuliers.

3° Si la déclaration due par tout citoyen des *chevaux de luxe, de selle* ou *de trait* non employés à l'agriculture, avait été faite.

4° Si, conformément à une circulaire du 12 courant, les renseignements demandés sur les biens communaux avaient été recueillis et obtenus.

5° Si une liste nominative des cordonniers et des tailleurs existant dans chaque commune avait été dressée, comme on l'avait prescrit.

6° Si la liste des citoyens non mariés ou sans enfants, âgés de 18 à 25 ans, avait été dressée.

7° Si toutes les communes s'étaient conformées à la loi qui proscrivait de descendre les cloches et de n'en réserver qu'une pour le service de l'horloge.

8° Enfin, si des recettes ou des fondations religieuses en grains existaient encore dans quelques communes.

Et, munies de ce programme, les neuf commissions, formées des 36 commissaires choisis par le directoire du district, furent mises

en demeure d'agir au plus vite, avec l'autorisation d'emprunter la
force armée, si c'était nécessaire, et de s'adjoindre, dans chaque
canton, les commissaires auxiliaires qu'ils jugeraient à propos d'ap-
peler à les seconder, *leur sagesse et leur patriotisme répondant de
tout.* Porteurs d'expéditions en due forme du présent arrêté, les 30
commissaires désignés se répandirent, le même jour, dans toutes
les communes du district, allant d'une ferme à l'autre et se faisant
rendre compte, dans chaque famille, des ressources en blé qui pouvaient exister. Mais je crois utile ici de faire connaître une des instructions qui furent lancées, à cette occasion, par les comités de la
Convention :

« Si la patrie veut que tous ses enfants soient laborieux, aussi veut-elle,
« par cela même, qu'ils coulent des jours prospères ; pour ce, : faut qu'il
« s'établisse entre eux une répartition des fruits de la terre, s   te et si
« bien combinée qu'une denrée surabondante dans une contrée aille en
« vivifier une autre qui, à son tour, l'enrichira de son surplus. Pour
« atteindre ce but si désiré, il faut connaître notre situation réelle, il faut
« que les préposés de la République, placés, pour ainsi dire, au centre
« des besoins et des ressources, puissent, d'un coup d'œil rapide, voir ce
« qu'il faut faire pour mouvoir, d'un tour de main, cette vaste machine,
« que nos ennemis ne s'étudient à tant entraver, que pour lasser notre
« patience et faire rétrograder la Révolution. — Vous indiquer ce que
« nous proposons de faire, c'est alimenter le feu sacré qui vous anime,
« c'est vous fournir les moyens de concourir au bien de tous, puisque
« vous coopérerez à porter le flambeau de la vérité dans la partie des
« vivres, autour de laquelle la malveillance et la cupidité de plusieurs ont
« amoncelé les nuages et les obstacles. »

On ne peut rien de plus encourageant et de plus onctueux certai-
nement.

Les résistances furent cependant quelquefois très vives, surtout
de la part des femmes, ainsi que le constatent les procès-verbaux
que nous avons sous les yeux. La question des cloches et de leur
descente provoqua des scènes qui se terminèrent par l'appel, que
les commissaires furent obligés de faire à Brest, d'ouvriers et d'engins qui permissent de compléter l'opération. Il fut, à ce sujet,
constaté par les commissaires que, dans la commune de Plouarzel
(canton de Saint-Renan), les habitants s'étaient formellement re-
fusés à la descente des cloches, et que, malgré *leurs itératives re-
présentations, les habitants s'étaient montrés d'une morosité
condamnable.* — Dans une autre commune, à Ploudalmézeau, au-

cun membre de la municipalité ne s'étant présenté, les commissaires n'eurent d'autre ressource que d'interpeller le bedeau et de faire sonner *la cloche servant ordinairement à la convocation de la municipalité, mais personne n'arriva avant 5 heures du soir;* si bien que les commissaires durent regagner leur gîte à Saint-Renan, sans avoir pu rien faire. — A deux jours de là, cependant, des engins et des ouvriers du port de Brest étant arrivés, on put procéder à la descente des cloches avec le concours des militaires empruntés à la garnison de Saint-Renan. Une dépense de 32 livres 19 sous, pour vin et eau-de-vie distribués aux travailleurs, fut inscrite au procès-verbal.

Mais, au fond, la descente des cloches n'était qu'un des accessoires de la mission donnée aux commissaires du district. Le recensement des blés était l'objet principal des recherches qui avaient été faites, et il est nécessaire, pour se rendre compte du caractère et de l'importance de cette opération, de préciser la manière dont l'administration et les municipalités l'envisagèrent. — Je prends, pour cela, les nombreux recensements des communes du district de Brest et du district de Landerneau [1]. Dans toutes les communes, les commissaires, comme je l'ai dit, ont inscrit les noms des fermiers et le nombre des membres de leurs familles, les quantités de blé de chaque espèce récoltées, le nombre de quintaux nécessaires pour le personnel de chaque exploitation rurale et ceux restant disponibles. Recensés au chef-lieu du district, un tableau général donna l'avoir, en grenier, de chaque commune, le nombre de mesures laissées pour la nourriture des habitants, et le nombre de quintaux dont on pouvait disposer. Cet état, pour le district de Landerneau, comprenait 36 communes et portait à l'avoir, en blés de toute espèce.................................... 226 065 97

Pour la consommation des habitants, à raison de 5 quintaux par personne...................... 225.000 97

Pour la semence, au 6ᵉ de la production.......... 37.677 97

Pour réquisitions faites par le port de Brest....... 9.000 97

Avoine. — Pour la cavalerie de l'armée.......... 15.000 97

do — Pour la nourriture d'une année de chevaux, requis................................ 2.000 97

De telle sorte que les approvisionnements et les ré-

1. Ces procès-verbaux sont datés du 30 octobre 1793.

quisitions déjà prescrites s'élevant à................... 288.077 07
Il restait, sur les besoins constatés, un déficit de.... 62.012 97

Dans les neuf districts du département, les faits se présentèrent à peu près sous le même aspect, et on peut juger de l'inquiétude qui régna dans tous les esprits, en remarquant que, dans plusieurs communes, les commissaires constatèrent dans leurs procès-verbaux, qu'ici et là les récoltes s'étaient trouvées d'un tiers, de la moitié ou des deux tiers au-dessous de la moyenne. Cela établi, on comprend comment il arriva que beaucoup de cultivateurs, et leurs femmes surtout, essayèrent d'échapper aux investigations des commissaires, par des déclarations fausses et intéressées [1].

Mais ces faits, eux-mêmes, n'étaient que le commencement de l'œuvre qui allait se renouveler tous les jours, pendant près de quatre ans, au fur et à mesure que les besoins vinrent à se multiplier et que les ressources s'épuisèrent, en même temps que les disettes et le dénûment s'aggravaient par l'absence même des cultivateurs arrachés à leurs cultures et aux champs qui restaient en friche.

Nous verrons ce que le régime des réquisitions ajouta au fait propre du dénûment, qui alla ensuite en s'accentuant chaque jour, et sur quelles doctrines on s'appuya, sous prétexte de sauver la patrie et la liberté.

Du recensement que nous venons de signaler et qui ne fut guère terminé qu'à la fin du mois d'octobre 1793, nous arrivons, sans coup férir, à de nouvelles recherches et à un nouveau recensement prescrit en avril 1794 (germinal an II). — D'après ce que je viens de dire du recensement de 1793 et des minutieux détails inscrits sur les états qui en furent rapportés, tant à l'égard des personnes que des quantités des différentes natures de blé trouvées dans les greniers et les vieilles huches du cultivateur, on aurait pu justement croire que tout avait été fait et prévu, pour répondre aux inquiètes investigations du Gouvernement...; mais les besoins devinrent si pressants, et l'ordre fut partout si vivement troublé, que la Convention et ses comités lancèrent, à la date du 5 germinal, un arrêté

---

1. Les commissaires qui opérèrent dans le canton de Saint-Renan closaient leur procès-verbal, le 4 octobre 1793, par les lignes suivantes : — « Les habitants nous « ont déclaré que beaucoup de cultivateurs n'avaient ni chevaux ni bras pour le « labour, attendu que les jeunes gens étaient levés et qu'on ne trouvait de domes- « tiques d'aucun sexe pour aider à labourer les terres et les ensemencer. »

d'après lequel un nouveau recensement devait être fait, dans l'espace de trois décades, dans les départements du Finistère, du Morbihan, des Côtes-du-Nord, de l'Ille-et-Vilaine, de la Manche et du Calvados. — Aucun citoyen ne pouvait être commissaire dans son propre district. L'administration départementale, de son côté, dut choisir et désigner, dans trois jours, les commissaires qui eurent à se mettre à l'œuvre. Enfin, l'arrêté départemental de la commission administrative de Landerneau, qui avait remplacé l'administration départementale du Finistère, dont les membres attendaient, à Brest, leur arrêt de mort, avait ajouté que, dès que le recensement serait opéré, des états, résumés par cantons, seraient expédiés, dans le délai de cinq jours, à la commission des subsistances près de la Convention.

Je n'ai pas besoin, sans doute, d'ajouter que l'émoi et les profondes inquiétudes que le premier recensement de 1793 avait déjà causés dans les villes comme dans les campagnes, se renouvelèrent plus vifs que jamais. J'en trouve un indice incontestable dans un arrêté de la commission administrative de Landerneau, qui supprime, tout d'un coup, toutes les foires et tous les marchés qui avaient été ouverts depuis la Révolution, sous prétexte que la police ne pouvait en suivre les mouvements et que toutes les communes *signalaient la malveillance comme entravant la circulation des denrées.*

Cet arrêté faisait observer que la grande pénurie qui existait « *était due, surtout, à ces esprits inquiets et visionnaires, animés* « *du bonheur public, qui ne rêvaient que fraudes et accapare-* « *ments, sans jamais justifier leurs vagues dénonciations. Si bien* « *que des autorités secondaires et quelques municipalités, com-* « *plices ou dupes de ces vaines erreurs, trahissaient lâchement* « *leurs devoirs, et contribuaient, de la sorte, à isoler les com-* « *munes et à propager, entre elles, cet esprit d'égoïsme qui créait* « *une pénurie factice au milieu d'une abondance réelle.* »

Qu'on se rappelle, en lisant d'aussi formelles accusations, que le tribunal révolutionnaire de Brest était en plein exercice et que la place du Château était, tous les jours, inondée de sang, et l'on jugera sous quelle action de terreur et d'épouvante les cultivateurs et les paisibles habitants de la campagne virent arriver à leurs portes les nouveaux commissaires, assistés du juge de paix ou des officiers municipaux, qui venaient leur demander à nouveau les quelques grains de blé qui restaient au fond de leurs huches ou cachés dans les derniers recoins de leurs greniers.

Voici une lettre des administrateurs de Brest, du 15 nivôse an II, qui achèvera de dire sous le coup de quelles menaces et de quelles inquiétudes, toutes les classes de la population se trouvèrent placées.

La lettre est adressée au Représentant du peuple Laignelot, arrivé, depuis peu, à Brest ; elle est signée des membres provisoires du district, que la loi sur le gouvernement révolutionnaire avait saisis de l'autorité locale.

« Citoyen Représentant, chaque jour l'approvisionnement de la ville de « Brest éprouve de nouveaux obstacles. Dans les districts voisins, et par- « ticulièrement dans ceux de Landerneau et de Lesneven, on continue « d'arrêter les subsistances qui nous sont destinées. Ci-devant on tra- « vaillait dans les ténèbres ; on faisait le mal, mais on s'en cachait ; main- « tenant, on opère au grand jour et on s'empare, sans pudeur, de tout ce « qui peut convenir. On brave toutes les lois ; celles mêmes de la nature « ne sont pas respectées ; rarement s'écoule-t-il un jour sans que nous « ayons à nous plaindre de l'abandon avec lequel on viole, à notre égard, « la loi qui ordonne la libre circulation des subsistances. Hier, encore, la « municipalité de Brest nous a porté des plaintes nouvelles à l'occasion de « faits récemment arrivés à Lesneven. Il n'y a pas longtemps qu'on s'est « permis d'arrêter, à Landerneau, des quantités considérables de beurre « qui avaient été achetées pour la marine. Il semble qu'un même esprit « anime toutes les communes des districts qui avoisinent le nôtre, et que, « cherchant à se venger de ce que la commune de Brest a forcé leur aris- « tocratie et leur calotinocratie à cacher leurs têtes hideuses, et n'osant « la combattre corps à corps, ils ont conçu le lâche projet de l'anéantir « en la faisant mourir de faim. — Nous déposons dans ton sein, citoyen « Représentant, les craintes, malheureusement trop fondées, d'un peuple « digne d'un meilleur sort. Continue de porter sur lui tes regards pater- « nels, etc., etc... »

Cette lettre, signée Nicolas Duval et Jean-Marie Lorant, était accompagnée d'une note de la commission administrative de Landerneau qui annonçait, en effet, qu'un marchand de Lesneven, dénoncé par la municipalité et convaincu de fraude, avait été immé- diatement incarcéré, et que les œufs d'un autre cultivateur, qui devait se rendre à Brest, avaient été *vendus d'autorité à Lesneven, au lieu de suivre leur destination*. Voilà quelques exemples de ce qui se produisait partout et faisait dire aux membres de la Com- mission administrative de Landerneau, dans son arrêté du 15 fri- maire, que *tous vendeurs ou acheteurs qui feraient leurs ventes ou achats de denrées ailleurs que sur les marchés existant avant*

1789, seraient déclarés suspects et mis en arrestation (art. 4). Nouvelle doctrine qui venait à l'appui de ce principe formidable des savants économistes de l'époque, que *le marchand de blé était un ennemi de la société et que tout commerce de denrées devait être interdit.*

De là à une autre mesure qui ne tarda pas à être prise, il n'y eut qu'un pas, et les municipalités, après les recensements prescrits, furent chargées de chercher, chez les cultivateurs, les blés ou portions de blé qui pourraient être exigés d'eux, pour qu'ils les portassent sur des marchés désignés à l'avance, où les municipalités constateraient leur arrivée ainsi que leur mise en vente.

Quant aux recensements eux-mêmes, faits sous le coup des plus formelles menaces, ils relatèrent, pour la seconde fois en moins d'un an, l'avoir et les ressources personnelles de chaque cultivateur, et nous apprenons, par plusieurs de ces tableaux rendus publics, combien les ressources de certaines communes et de certains groupes de citoyens se trouvèrent exiguës et précaires.

Il y a des communes où le sixième et le cinquième de la population composée de journaliers chargés de famille, sont absolument dénués de tout approvisionnement. Les comités de la Convention, comme les Représentants en mission, ne savaient à quels expédients recourir. On parlait un peu partout de Parmentier et de ses tubercules, mais sans que la culture de ceux-ci se fût répandue, et chacun cherchait les moyens de parer à la disette devenue très menaçante. Parmi les expédients recommandés par des arrêtés et des instructions de toute nature, il y en eut un qui consista à dessécher et à mettre à sec, dans le délai d'un mois, de frimaire à pluviôse, tous les étangs et les lacs de la République dont les eaux pourront s'écouler par la rupture des chaussées qui les retiennent. — Les étangs, ainsi desséchés, *devaient être ensemencés en blé de mars, ou plantés en légumes propres à la subsistance de l'homme,* et un état de ces ensemencements devait être transmis, sans délai, aux commissions de la Convention. — Quant aux terrains élevés, incultes ou pierreux, ils devaient être attaqués avec la même résolution et une confiance tout aussi absolue, si je m'en rapporte à l'instruction suivante, datée de frimaire an II, époque où la science agricole, évidemment, n'avait encore fait que peu de progrès dans les bureaux de l'Assemblée. — Une loi du 16 septembre 1793, appuyant celle sur les recensements, avait, en effet, prescrit *de mettre en culture les terres négligées par leurs propriétaires ou leurs fer-*

miers. L'instruction publiée en frimaire, sur cet important sujet, ajoutait que des *commissaires*, nommés dans toutes les communes, s'assureraient de ce qui avait été fait, et feraient, eux-mêmes, *cultiver, sans retard, les terres qui auraient dû l'être et ne l'avaient pas été.* — Du reste, ajoutait une seconde instruction, émise à un mois de distance :

« La pomme de terre qui, dans des moments de disette, a procuré des « ressources si précieuses à l'humanité, a procuré l'avantage et la néces- « sité de consacrer à sa culture les terrains immenses que l'oisiveté et le « faste du despotisme ont dérobés, avec tant d'arrogance, à la patrie. — « Aussi ne doutons-nous pas que les communes et les commissaires char- « gés de cette opération ne parviennent promptement à faire disparaître « du sol de la République, les jachères, les landes, les bruyères, les étangs, « les parcs et les garennes, de sorte que les projets contre-révolution- « naires, fondés sur la disette, n'auront d'autre effet que de plonger le « poignard du désespoir dans le cœur de ses auteurs. »

Finale éminemment républicaine, qui prouvait que l'éloquence patriotique du citoyen Raisson, signataire de la présente circulaire, était au moins égale à sa science agricole !

Mais la disette n'en continua pas moins à s'accentuer [1] ; elle devint terrible et désastreuse ; et les deux voies combinées des réquisitions et du maximum n'arrivèrent qu'à rendre le mal plus sensible et plus irrémédiable : les faits le prouveront amplement.

---

1. La loi du 9 août 1793 avait, elle-même, constaté ce déficit, en accordant une somme de 100 millions pour créer des greniers d'abondance, et en autorisant les contribuables à payer leurs contributions en versements de grains.

II

L'idée du *Maximum* est, sans doute, restée très claire et très déterminée dans l'esprit de tout le monde. Chacun en comprend parfaitement la portée, en se rappelant ce que la taxe du pain, longtemps pratiquée, laisse apercevoir de cette réglementation pour la valeur fixe d'une denrée. — Mais le *maximum*, édicté dès la fin de 1792, à l'occasion des blés, et, successivement, appliqué aux denrées alimentaires, puis à tous les produits naturels ou fabriqués, devint une mesure révolutionnaire qui déplaça la valeur de toutes choses d'une manière plus ou moins arbitraire, de sorte que le maximum arrêta subitement les conditions de la demande, et, par suite, le travail de la production, c'est-à-dire la consommation, et, d'une autre part, les salaires et les profits du producteur. — Quand on y réfléchit, en se replaçant dans les conditions normales d'une vie paisible et ordinaire, on reste stupéfait d'une œuvre pareille et d'une si audacieuse entreprise. Cependant cette œuvre, tentée dans un moment de crise, fut poursuivie, sous le coup terrible des peines les plus sévères, pendant près de trois ans, de septembre 1703 à 1795.

Mais, pour bien comprendre ce que fut le *maximum* lui-même et juger du trouble qu'il apporta dans toutes les transactions, il est nécessaire de mieux expliquer encore ce que furent les réquisitions et leur caractère, ainsi que l'étendue qu'elles acquirent, par suite des exigences d'un gouvernement pris au dépourvu pour presque tous les besoins du service public.

Dès le mois de mars 1793, l'urgence des réquisitions s'était fait sentir dans le Finistère, et l'ordonnateur civil de l'administration du port de Brest, écrivant à l'administration départementale, à la date du 20 mars, lui faisait savoir que le port n'avait plus que pour quinze jours de vivres. On chercha des blés dans tous les ports voisins, mais on apprit presqu'en même temps que des spéculateurs habiles chargeaient des blés qu'ils dirigeaient sur Bordeaux, prétextant des commandes qui leur étaient faites, quand, effectivement, ce n'était qu'un moyen pour obtenir au loin des prix plus élevés

4

de leurs denrées. Un de leurs navires vint à être pris par les Anglais, et l'alarme éclata de toutes parts, si bien que le département, sur le rapport d'un de ses membres, prit un arrêté (mai 1793), pour interdire toute exportation de blé hors du département, et décider que tout navire, en charge ou déjà chargé, serait tenu de débarquer ses blés pour que le transport en fût fait à Brest, où des troubles pouvaient survenir. Voilà la première réquisition dont nous trouvons l'indication. — Mais, après les recensements dont nous avons parlé, d'autres les suivirent de près.

Celle du 30 septembre 1793, partie de Nantes par ordre des deux représentants Gillet et Philippeaux, portait que 100,000 quintaux de froment et 40,000 quintaux de seigle seraient prélevés sur les cinq départements de l'ancienne Bretagne, dans l'espace de trois mois, dont un tiers, pour le 15 octobre. Nul ne pouvait se refuser aux réquisitions qui lui étaient demandées, sous peine de confiscation des blés et farines excédant les besoins de sa maison. Tous les blés ainsi obtenus devaient être payés au prix du *maximum* et en assignats. — C'est à l'occasion de cette réquisition que les recencements de 1793, dont nous avons parlé, furent faits, et un article spécial de l'arrêté des représentants portait que la réquisition elle-même *pourrait être augmentée, s'il y avait lieu.*

Je n'ai pas besoin d'ajouter que les municipalités, comme toutes les administrations, répondaient de sa parfaite exécution.

L'effet de cette formidable réquisition s'étendit donc d'octobre 1793 à janvier 1794 (nivôse an 2), de sorte que pendant tout ce temps, les visites domiciliaires, les recherches et les recensements se multipliaient dans toutes les communes des cinq départements. Les rentrées, d'ailleurs, ne purent se faire dans les délais prescrits, et il arriva, par suite, que les administrations locales durent recourir aux expédients les plus imprévus. — Une des mesures les plus répétées fut de forcer les cultivateurs à se rendre aux marchés voisins qu'ils avaient l'habitude d'approvisionner, avec un certain nombre de boisseaux de blé déterminé par l'administration du district ou par les municipalités elles-mêmes. — Je trouve que, le 13 frimaire (3 décembre 1793), le marché de Landerneau dut être approvisionné, par voie de réquisition, de 150 boisseaux de froment, 50 boisseaux de seigle, 70 boisseaux d'avoine, 30 boisseaux d'orge fromenté, 10 boisseaux d'orge, 20 boisseaux de blé noir et 10 boisseaux de gruau. — Des réquisitions du même genre étaient faites pour le marché de Brest. — Mais, pour le marché de Landerneau, trois paysans, de la commune de Loperhet, s'étant permis de refuser les réquisitions qui leur avaient été adressées, la gendarmerie reçut aussitôt l'ordre d'arrêter les délinquants qui furent détenus jusqu'à ce qu'ils eussent fourni chacun une quantité de froment double de celle qui leur avait été demandée. — Une commune, celle de La Roche, crut mieux faire, et envoya à Landerneau son maire et un de ses officiers municipaux qui furent chargés de réclamer contre la réquisition de 260 quintaux d'avoine qui lui avait été notifiée. L'administration du district ne veut entendre à rien, et le maire et l'officier municipal sont mis en prison pour quatre jours, et, s'il y a lieu, jusqu'à ce que la fourniture ait été faite. Les citoyens qui avaient cru devoir accompagner leurs magistrats furent eux-mêmes détenus pendant 48 heures [1]. Cependant ces rigueurs n'y purent rien, à ce qu'il paraît; car, pour aviser aux besoins pressants de la ville, la société populaire, intervenant à son tour, fut obligée de demander, le 24 pluviôse, à la commission administrative de requérir dans le district de Pont-Croix, fort éloigné des lieux, 100 tonneaux de seigle, 100 tonneaux d'orge et 50 tonneaux de fèves.

Mais qu'on ne pense pas que ces réquisitions faites d'un district à l'autre ou d'une commune à celle qui l'avoisinait, fussent plus faciles. Un rapport très circonstancié des administrateurs du district de Loudéac, dans les Côtes-du-Nord, au représentant Boursault, nous apprend que la commune de Quintin,

« Ayant, un jour, surpris au représentant Le Carpentier, en mission à Saint-Malo, un arrêté pour obliger plusieurs communes du district à approvisionner les marchés de Quintin, ces communes, et, parmi elles, celle de Merléac, déclarèrent que si on essayait d'enlever leurs blés par la force, elles seraient obligées de *repousser force par force, et que Quintin, après avoir pillé arbitrairement le Haut-Corlay, Bodlé, Laniscat, etc., etc.,* n'avait aucun droit de venir enlever des grains qui pouvaient à peine suffire à la subsistance des habitants pendant un mois. »

Sur un autre point, et quoique dans une forme différente, la société populaire du Faouët, dans le Morbihan, prise au dépourvu de blé et de froment, en appelait au représentant Laignelot, en mission à Brest, et lui disait, dans ces termes assez plaisants:

« Sous l'heureux Gouvernement où nous vivons, tous les hommes, placés sur la ligne de l'égalité, en doivent partager les avantages. Et la Con-

1. Arrêté du 17 nivôse an 2.

vention a voulu que cette sainte égalité règne jusque dans le pain, et que des hommes égaux n'en mangent pas de plus grossier les uns que les autres... »

Et les braves sans-culottes du Faouët, après avoir exposé que leur district ne produisait que du seigle et de l'avoine, ajoutaient qu'ils étaient *réduits à ne manger que du pain de seigle le plus noir*, tandis que *leurs voisins de Quimperlé se permettaient souvent de manger du pain de froment de la plus fine fleur*. Sur quoi, ils concluaient que le citoyen Laignelot devait, sans retard, prendre un arrêté pour que le district de Quimperlé leur *fournît 24 tonneaux de froment, suivant le vœu de l'égalité dont les principes, disaient-ils à Laignelot, sont écrits dans ton cœur en traits ineffaçables*.

Mais, dès l'année 1794, tous les marchés devenaient déserts ; la Convention, par une loi du 5 germinal (avril), prescrivit le nouveau recensement, duquel nous avons parlé et pour lequel des instructions, en français et en breton, furent lancées de tous côtés, notamment par les Représentants en mission et par la commission administrative de Landerneau, qui avait remplacé l'administration départementale traduite devant le tribunal révolutionnaire.

Cette instruction, publiée sur deux colonnes, français et breton, établissait comme faits résultant des correspondances des districts de Brest, de Morlaix, de Quimperlé et de Carhaix, que *l'égoïsme et la malveillante opiniâtreté des cultivateurs paralysaient, dans toutes les communes*, l'exécution des réquisitions faites pour alimenter les armées et les villes, et qu'il convenait, *pour détruire les effets du honteux égoïsme qui retardaient et entravaient les services publics*, que les municipalités s'occupassent, dès ce moment, de rechercher les moyens d'opérer, sans délai, le battage de tous les blés de la prochaine récolte. Les églises, les presbytères, les hangars, les édifices publics et particuliers qui seraient jugés propres à effectuer *ces battages, devant être requis dès ce moment*.

Quant aux grains obtenus de ces battages, ils seront recensés, dans le plus bref délai.

A l'appui de ces dispositions, le représentant Laignelot, signalant toutes les ressources que l'on pouvait tirer de la pomme de terre, avait recommandé, dès le mois de pluviôse, que *chaque fermier fût astreint à ensemencer au moins le vingtième de ses terres labourables, en pommes de terre*, et que des commissaires fussent dirigés sur le département des Côtes-du-Nord, pour y acheter les tubercules qui pourraient manquer aux ensemencements du Finistère.

Mais qu'on ne pense pas que les blés et les pommes de terre fussent les seules choses demandées et requises. J'ai sous les yeux un extrait des délibérations de la commission des approvisionnements près de la Convention qui mettait en réquisition tous les foins et toutes les avoines de la récolte de 1793, ainsi que l'avaient prescrit les arrêtés du Comité de Salut public du 28 prairial et du 5 messidor de l'an 2. — 20,000 quintaux de foin et 10,000 quintaux d'avoine furent ainsi ajoutés au contingent déjà demandé au département du Finistère.

Le dénûment se trouva si complet et si absolu, que, dès le mois de frimaire, la commission administrative de Landerneau, d'accord avec le district, fut obligée de demander quelques sorties de blé des magasins de la marine à Brest, pour conjurer la famine qui menaçait la ville de Landerneau, dont les marchés cessaient d'être alimentés. Au fond, la fourniture des blés par réquisitions ne fut pas le seul fait qui troubla les populations de la campagne et, par suite, celles des villes, tombées dans le plus absolu dénûment. — Après les blés, ou en même temps, le Comité de Salut public demanda d'abord un cheval sur 25, et, tôt après, tous les chevaux, soit de luxe, de selle ou de labour Il y eut une première loi, du 28 mars 1793, qui fixa les dispositions dans lesquelles cette levée dut se faire ; mais, avant cet appel, un besoin de chevaux s'était déjà fait sentir dans le département, pour la remonte de la gendarmerie, et un arrêté de l'administration départementale, daté du 5 février 1793, avait autorisé les procureurs-syndics des districts à requérir, dans leurs circonscriptions, tous les chevaux de luxe qui pourraient servir à la remonte des gendarmes, ceux-ci devant eux-mêmes en payer le prix.

Ce fut donc presqu'immédiatement que parut la loi du 28 mars, qui mit à la disposition de la Guerre tous les chevaux de luxe. Une lettre du ministre de l'Intérieur, du 31 août, prenait toutefois le soin de faire observer que tous chevaux propres à la cavalerie, à l'artillerie et même au service des parcs, devaient être recherchés et réquisitionnés, sans faute. Cela devait aller fort loin. — Mais d'autres levées furent cependant exigées. Il y en eut une, datée du 24 brumaire, an 2, (octobre 1793), qui décida que le nombre des chevaux à fournir par canton seraient équipés, en même temps que par chaque cheval le canton fournirait, à ses frais, un sabre dont la lame aurait 30 pouces au moins, 2 pistolets et une paire de bottes.

Les municipalités des chefs-lieux de canton devaient se pourvoir de ces objets et en répondre. Seulement, l'administration du district était autorisée à faire choix d'un commissaire *éclairé et bon patriote* qui, en se faisant accompagner *d'un maquignon ou marchand de chevaux*, ferait en même temps le recensement de tous les chevaux existant par canton. — Le représentant Boursault, en mission à Rennes, chef-lieu de la division militaire, devait recevoir dans un mois tous les chevaux de la présente réquisition, marqués sur le côté droit du cou, des lettres F. T., (Finistère). Puis, comme formule sacramentelle, il était ajouté que toutes les administrations locales, les municipalités, la gendarmerie et les sociétés populaires veilleraient à la stricte et prompte exécution desdits arrêtés. Ceci se passait à la fin de 1793 ; mais, dès les premiers mois de 1794, en mars, (ventôse an 2), un représentant, nommé Alquier, se trouvant délégué près des armées des Côtes de Brest, déclara, en se prévalant des besoins pressants de la République, qu'il se porterait de sa personne à Saint-Renan, lieu justement réputé pour l'élevage des chevaux, et prescrivit aux administrations municipales des cantons voisins d'avoir à présenter, dans les 24 heures, tous les chevaux de ces cantons, afin *qu'il pût désigner ceux qui lui paraîtraient propres à être employés au service de la République, soit pour la ligne, soit pour le trait.* L'ordre se terminait ainsi qu'il suit :

Vous voudrez bien prévenir les municipalités qu'elles seront responsables de la lenteur qu'elles mettraient à exécuter cette mesure, et que les propriétaires qui refuseraient d'obtempérer à la réquisition, seraient punis par la confiscation de leurs chevaux. »

Je ne sais si le représentant Alquier opéra de la même manière dans les cinq départements de la Bretagne ; mais, après l'avoir suivi dans les districts de Landerneau et de Morlaix, je le retrouve à Lamballe, dans les Côtes-du-Nord.

Toujours, en vertu de ce principe professé par tous les représentants, que, *quand la loi était insuffisante, c'était à eux d'en étendre l'application*, lorsque nous arriverons aux réquisitions ultérieures de l'an 3, nous verrons que la loi, elle-même, céda sur tous les points, à la volonté des représentants envoyés en mission.

Je ne saurais dresser un tableau complet de toutes les réquisitions qui se produisirent au cours des événements qui jetèrent la France dans une situation si précaire et si dangereuse ; mais je veux en citer encore quelques-unes. Après les blés, les chevaux et les bestiaux, les commissions et les comités de la Convention n'hésitèrent pas à requérir, une fois, tous les cuirs disponibles ; une autre fois, toutes les armes restées entre les mains des particuliers ; puis, tout aussitôt, ou à peu d'intervalle, les draps, les étoffes et les toiles propres à l'habillement des troupes [1] ; les couvertures, les matelas, les bois de lit devant servir à leur coucher. Par arrêté du 23 brumaire, la commune de Loc-Eguiner fut requise de fournir 30 lits, et, si elle ne déférait pas à cette demande de la municipalité de Landerneau, celle-ci était autorisée par le district, à les faire confectionner au compte des officiers municipaux de Loc-Eguiner [2].

Dans un autre ordre d'idées et de besoins, les souliers du citadin passèrent de ses pieds à ceux du fusilier qu'on poussait à la frontière.

L'arrêté des représentants du peuple près les armées de l'Ouest et des Côtes de Brest et de Cherbourg, porte, art. III, que *tout citoyen qui ne marcherait pas à la défense de la Patrie, serait tenu de remettre à sa municipalité les souliers et bottes qu'il avait, sous peine d'être réputé suspect.* — Cet arrêté était signé : Bourbotte, — Lavallée, — Turreau, — Prieur-de-la-Marne et Pocholle. Il était daté de Rennes. Et comme le résultat de ces réquisitions restait souvent incertain et même improductif, il arriva que les administrations locales durent passer, des matières requises, aux ouvriers qui pouvaient les mettre en œuvre, et, sans sortir des circonscriptions où je relève ces détails, je trouve qu'au mois de nivôse an 2, les ouvriers cordonniers, mis en réquisition dans les districts de Landerneau et de Brest, après avoir été installés, un instant, dans un atelier qui manquait d'ouvertures et de lumière, furent tout à coup transférés, sur la demande de la Société populaire, dans une maison de la famille Goury, où la municipalité fit appro-

---

1. L'arrêté des représentants Gilles et Ruelle, daté de Nantes, du 16 septembre 1793, et applicable aux départements de la Loire-Inférieure, du Morbihan, du Finistère, des Côtes-du-Nord, d'Ille-et-Vilaine et de Maine-et-Loire, portait que les draps requis seraient employés à faire des habits, suivant l'uniforme national, des vestes et culottes de tricot, d s capotes, des chemises, des souliers, des bas de laine, des guêtres noires d'étamine. — Pour le moment, toutefois, les choses durent se faire amiablement, et une somme de 100,000 livres fut mise à la disposition de l'administration centrale de chaque département.

2. Une circulaire de l'adjoint au ministre de la Guerre avait fixé la dimension des bois de lit, des matelas, des couvertures et des draps à réquisitionner.

prier, à cet usage, le salon, la salle à manger et un office de ladite maison, en faisant enlever tous les meubles qui s'y trouvaient.

A Rennes, un fournisseur, nommé Duchemin, avait été autorisé par le représentant Lavallée à établir des ateliers du même genre dans les appartements de l'ancien évêché, et j'apprends, par les réquisitions faites dans le Finistère pour alimenter cet atelier, que 200 cuirs forts et secs, sur 292 qui avaient été recensés à Landivisiau, furent immédiatement expédiés sur Rennes, pour cet atelier.

A Morlaix, le zèle du district alla jusqu'à interdire aux cordonniers mis en réquisition, de *travailler pour les particuliers, sous défense expresse.* (Arrêté du 4 nivôse an 2, en plein janvier).

Mais, je ne veux pas quitter ce sujet sans faire mention d'une des plus étranges réquisitions de l'époque, celle des piques, dont la fabrication fut décrétée au compte des communes, afin que tous les citoyens en fussent pourvus. Quelques districts, où l'esprit militaire ne s'était pas encore suffisamment développé, se trouvèrent en retard pour cette fabrication. Le district de Pont-Croix, dans le Finistère, fut de ce nombre et reçut, à cet effet, une verte remontrance de l'administration centrale qui lui signifia, le 31 décembre 1792, que si le district n'avait pas les ouvriers aptes à se charger de cette confection, on lui en enverrait, mais que les piques, au lieu d'avoir des hampes de 6 pieds, devaient en avoir de 8, et que le prix restait fixé à 7 livres la pièce, prix très-beau.

Après les piques, j'aurais pu passer à la recherche et aux réquisitions relatives au salpêtre, pour la fabrication des poudres. Aucune demande ne fut plus répétée et plus tracassière, par suite des essais et des procédés chimiques indiqués, chaque jour, par les savants de l'époque. Mais il suffira de dire qu'après avoir fait gratter les murs des maisons et des caves, de bas en haut, on fut jusqu'à imposer les réquisitions les plus absolues à tous les citoyens qui se trouvèrent avoir un foyer où l'on espérait trouver quelques litres de cendres. Un arrêté des deux représentants Faure et Tréhouart, en date du 18 vendémiaire an 2, alla plus loin et imposa aux districts l'obligation de requérir, de tous les cultivateurs aisés de la campagne, jusqu'à 100 livres de cendres, qu'ils auraient à fournir, sans délai, par *l'incinération des fougères, landes et autres végétaux et arbrisseaux existant dans leurs champs, et ce, sous la responsabilité de la dite administration.*

Mais, après avoir parlé d'armes, de poudre et de salpêtre requis partout, au moment décisif de la lutte de 1793, nous ne saurions passer sous silence la réquisition des 300,000 hommes qui, dans la région de l'Ouest, fut une des causes principales des troubles et de la guerre civile qui affligèrent le pays. — Les contingents imposés aux cinq départements de l'ancienne Bretagne furent, pour le Finistère, de 5,003 ; pour la Loire-Inférieure, de 3,693 ; pour le Morbihan, de 2,614 ; pour les Côtes-du-Nord, de 4,696 et, pour l'Ille-et-Vilaine, de 5,032, ce qui forma un contingent de 21,038 hommes qui se réunirent à Vannes, Quimper et Saint-Malo. Quoique la loi portât que les contingents pourraient se former par les volontaires de 18 à 40 ans, qui se présenteraient de leur propre mouvement, on fut obligé, dans la plupart des communes, de recourir à la voie du sort et toutes les difficultés qui se présentèrent devaient être résolues par des commissaires désignés par les administrations départementales.

Ces difficultés furent, souvent, très nombreuses. Comme détail, nous pouvons ajouter que l'adjudant général Chamberlain reçut l'ordre d'organiser, à Quimper, les deux contingents du Finistère et du Morbihan ; que les communes et les districts restèrent chargés de l'équipement des hommes appelés ; que des instructeurs, également au compte des communes, furent employés à l'instruction de ces recrues, à raison de 60 livres par mois, et qu'en germinal de l'an 2, 3,555 hommes des contingents réunis à Quimper, furent dirigés sur Brest, pour y tenir garnison, les autres étant partis pour les armées du Nord et des Ardennes. (Arrêté du représentant Jean-Bon-Saint-André, du 20 germinal). — Quant aux cavaliers de la nouvelle levée, sur l'ordre du représentant Alquier, siégeant alors à Rennes, ils furent dirigés sur cette ville où, suivant l'arrêté de ce représentant, du 18 du même mois, ils durent se présenter, pourvus de tous les effets d'habillement que les communes avaient dû leur fournir.

On a beaucoup disserté sur l'établissement du *maximum* et sur son application. Pour bien en comprendre l'esprit, entrons, avec les consommateurs du temps, dans une des municipalités où, d'après la loi, les pancartes, relatives aux prix, officiellement déterminés, sont affichées et exposées aux yeux de tous. Nous sommes à la municipalité de Morlaix, ville populeuse et commerçante. — Les membres, formant l'administration du district, ont appelé à eux tous les producteurs de la ville et de la banlieue, sans oublier les consommateurs qu'ils n'ont eu garde de négliger,

5

et, après en avoir longuement délibéré, ainsi que le prouvent les
procès verbaux, ils ont dressé l'état que nous allons bientôt publier, et l'ont rendu obligatoire.

De son côté, le district, pour les salaires, y a joint un second état
qui en forme comme le complément. et que nous allons donner
également.

Des états du même genre furent demandés aux neuf districts du
département et promulgués comme ceux de Morlaix. Plusieurs ont
été imprimés ; quelques autres furent dressés par des copistes plus
ou moins habiles.

Je n'ai pas besoin de dire, sans doute, que des différences plus ou
moins notables se révélèrent d'un district à l'autre et souvent, par
conséquent, d'une commune à celle qui la touchait immédiatement,
dans les prix *maximum* arrêtés et affichés. Quels embarras et
quels troubles les faits de cette nature ne durent-ils pas faire naître ! Les plaintes et les doléances se multiplièrent à l'infini et vinrent, chaque jour, jeter dans d'inextricables difficultés les administrations locales et les administrateurs qui avaient concouru au tis-
sage de ces toiles de Pénélope que les uns regardaient comme des
chiffons, que d'autres devaient faire respecter comme les Tables de
bronze de la Loi Romaine [1].

Les représentants du peuple Tréhouard et Laignelot, qui étaient
venus de Rochefort réchauffer le zèle des clubs de Brest, prirent,
à ce sujet, à la date du 6 pluviôse, un arrêté où il est dit que :

Les directoires de tous les districts des départements du Morbihan, des
Côtes-du-Nord et du Finistère feraient des réquisitions aux municipalités de
leur circonscription pour qu'elles eussent à faire arriver sur leurs marchés
un certain nombre de bœufs, de vaches, de cochons et de moutons, ainsi
que le beurre, les œufs et toutes les denrées de première nécessité ; — que
les difficultés qui surviendraient entre le vendeur et l'acheteur seraient ré-

1. Les procès-verbaux de certains comités révolutionnaires reproduisent très exacte-
ment ces démêlés sans fin. Ceux du comité de Ville-sur-Aulne, (Châteaulin) énoncent
en détail les plaintes portées, tantôt contre les bouchers, tantôt contre les boulangers, les marchands de vin. Les étalagistes faisaient effort, de leur côté, pour se sous-
traire aux prescriptions de la loi et des arrêtés des Représentants. Parmi les décisions de ce comité, j'en trouve une assez plaisante, prise au sujet d'une jeune fille qui
s'était présentée sur le marché de Châteaulin pour vendre son beurre. La jeune fille,
nièce du curé de Pleyben, était fort jolie, mais portait la cocarde nationale au bras
au lieu de la porter sur le côté gauche de sa cornette. Elle fut amenée devant le comité, pour avoir voulu vendre son beurre au-dessus du maximum. — On ne la mit
cependant pas en prison, et on la relâcha, dit le procès-verbal, en lui recommandant
d'*aimer la Constitution*, mais *pas les prêtres*.

solues par la municipalité ; — que s'il arrivait que quelques propriétaires se refusassent à amener sur le marché les bestiaux ou les denrées qui leur appartenaient, ils seraient poursuivis suivant les rigueurs de la loi ; — que les requisitions seraient *d'abord notifiées aux citoyens les plus riches et, successivement, jusqu'aux moins aisés ;* — enfin, que les autorités constituées aviseraient à la stricte exécution du présent arrêté, *chacune pour ce qui la concerne, en pouvant faire toutes les poursuites et visites domiciliaires que les circonstances exigeraient.*

Comme cela n'avait pas suffi, ou que l'arrêté lui-même avait manqué son effet, il arriva que le représentant Laignelot s'adressant, dès le 18 du même mois, au district de Ville-sur-Aulne, (Châteaulin), lui notifiait l'ordre exprès de mettre, sans délai, en réquisition tous les bestiaux et toutes les denrées qu'on pourrait trouver dans les communes de ce district, pour l'approvisionnement du marché de Brest, les cultivateurs non plus que les bouchers ne pouvant s'écarter des prix de 1790, augmentés d'un tiers. — Car, ajoutait Laignelot au fonctionnaire auquel il écrivait :

Tu es agent national, spécialement chargé de l'exécution des lois, et nous sommes autorisés *quand elles ne sont pas suffisantes à leur donner l'extension nécessaire au bien de la chose publique ;* nous l'avons fait dans cette occasion, et, certes, il était bien instant d'opposer un prompt remède à la cupidité et à la malveillance des possesseurs de bestiaux. Mets donc la plus grande activité à l'exécution de notre arrêté. Tu es responsable du bien qui ne se fait pas. La loi sur le gouvernement révolutionnaire te l'impose et ton zèle pour la patrie t'en fait un devoir sacré [1]. »

Mais, à mesure que le système se développait, les embarras et les difficultés se multipliaient. Le représentant Bréard, forcé de se rendre à l'évidence, crut devoir s'adresser à l'administration centrale du département pour tâcher d'y aviser, et il lui écrivait *qu'il était urgent qu'elle se fit remettre toutes les taxes, afin de prendre des mesures promptes pour extirper tous les abus qui existaient. Quand vous aurez ces taxes sous les yeux,* ajoutait-il naïvement, *il vous sera aisé de distinguer celles faites par des marchands, de celles établies par les véritables magistrats du peuple.*

Des districts, on passa ainsi à l'administration départementale qui dut pourvoir à la *répression des abus signalés.* — Y arriva-t-elle ? Je crois que non. Mais elle essaya, au moins, de le faire, et

---

1. La loi du 19 vendémiaire An II (10 octobre 1793) sur l'établissement du Gouvernement révolutionnaire avait dit, — Art. VI, — que la *violation des lois serait punie comme un attentat à la liberté.*

pour cela, elle tenta de réunir en un tableau général les prix maximum dressés dans chaque district pour toutes les denrées et les
matières les plus demandées. — Je n'ai que la minute de ce travail
colossal, et je ne sais s'il a jamais été imprimé. — Comme essai, il
n'en est pas moins curieux et très significatif. Il démontre que presque jamais les districts ne tombèrent d'accord sur aucune marchandise, pour le taux du maximum à leur donner.

La valeur des bœufs, suivant les districts, fut fixée avec des variations qui vont de 360 à 240 francs ; — celle des vaches de 130 à
95 ; — des génisses de 100 à 70. Quant à la viande de boucherie,
la valeur s'en trouva fixée entre 12 et 8 sols la livre, et, suivant la
qualité, entre 8 et 6 sols. Le mouton, de 8 à 6 sols ; — le porc, de
13 à 10 sols, suivant les districts et les lieux où se présentaient les
acheteurs. — Les différences furent aussi sensibles sur toutes
les denrées sans exception, si bien que le beurre frais qui était coté,
à Brest, au maximum de un franc, se trouvait n'être inscrit à Lesneven, district voisin, qu'au prix de 10 sols, et à Châteaulin, au
prix de 9 sols. — Ces différences conduisirent quelques districts à
remanier leurs tarifs. Celui de Ville-sur-Aulne (Châteaulin) prit
à ce sujet un arrêté daté du 30 nivôse An II, par lequel le prix du
beurre fut élevé de 9 à 15 sols, et toutes les qualités de viande dans
la même proportion. — Quand vous arriviez à d'autres comestibles
comme le poisson, la différence des prix adoptés pour maximum
était aussi forte, et la morue fraîche, par exemple, cotée 10 sols
à Quimper, ne l'était plus que 8 à Lesneven. — Pour les objets
manufacturés, les différences étaient généralement moins sensibles,
parce que les prix de manufacture et de production avaient servi
de critérium. Quelquefois, cependant, les distances et la difficulté
des relations déterminaient des écarts qui ne pouvaient manquer
d'amener des troubles sérieux dans les habitudes des consommateurs.
Cela avait lieu, surtout, pour les étoffes et les tissus de lin ou de coton,
sans que les matières soient elles-mêmes bien déterminées. Quelquefois, ces espèces de matières n'étaient connues ou désignées que
dans quelques districts, parce qu'évidemment elles étaient peu
répandues dans les autres.

Voilà ce que ce tableau, résumé considérable de recherches et
de décisions frappées d'arbitraire, offre en lui-même.

Fut-il imprimé ? Je suis porté à croire que non, parce qu'il ne dut
être effectivement qu'un renseignement pris au sein de l'administration pour répondre à l'appel pressant et menaçant des Repré-

sentants en mission qui ne savaient eux-mêmes où donner de la tête. Les embarras surgissaient en effet de tous côtés, quoi qu'en eût dit Laignelot *qui assurait que les Représentants se trouvaient auto-risés, quand les lois ne leur paraissaient pas suffisantes, à leur donner l'extension nécessaire au bien de la chose publique.*

Ce principe étrange, bien que conforme à l'esprit du gouvernement, n'en était pas moins très dangereux, et ceux des Représentants en mission qui se crurent autorisés à mettre ainsi leur volonté à la place de la loi, durent, quelquefois au moins, se demander si une telle manière de faire était exempte de tout danger. Beaucoup, évidemment, ne s'arrêtèrent pas à des hésitations aussi naïves ; j'en ai la preuve dans une instruction sur les fournitures de l'armée. Cette instruction, lancée par l'adjoint au Ministre de la Guerre, nommé P.-M. Gautier, et datée du premier mois de l'An II, fut adressée au procureur général syndic du Finistère. Elle portait :

« Que le but de la Convention, en promulguant le décret relatif au *Maxi-mum*, avait été de mettre un frein à l'aristocratie marchande et à l'avidité des accapareurs qui, par incivisme et cupidité, avaient occasionné une extrême rareté des denrées ; — qu'ils se prévalaient de cette même rareté pour exiger des prix exorbitants, parce qu'on n'avait pas eu le temps, avant de traiter avec eux, de prendre des mesures propres à déjouer leur scélératesse... mais que la loi du maximum ayant été rendue, il n'était que juste de *réduire au maximum tous les marchés, commissions ou arrhements faits et passés par le gouvernement ou ses agents,* ce qui ôterait beaucoup ces êtres insatiables ; — et qu'en conséquence, le ministre devait être promptement informé du *maximum* imposé dans chaque département, afin qu'il *puisse l'appliquer à tous les marchés non expirés.* »

C'était clair, comme on le voit, et le *pouvoir exécutif* n'hésita pas à reprendre, par un effet rétroactif, les marchés qu'il avait sous-crits avant la promulgation de la loi, afin de profiter des avantages que le *maximum* pouvait offrir. Ce fut encore là une des anomalies du régime ; mais à combien d'autres ne conduisit-il pas ? La néces-sité urgente et promptement absolue des réquisitions, suivie de la création illimitée des assignats, achèvera de nous le dire.

Comme indication complémentaire et comme vue d'ensemble sur l'application du maximum à l'égard des ouvriers, citons un arrêté du Comité de Salut public, daté du 11e jour de prairial, An II :

« Les journaliers, manouvriers, tous ceux qui s'occupent habituellement des travaux de la campagne, disait cet arrêté, seront mis en réquisition pour la prochaine récolte, et ceux qui refuseraient d'obéir, seront jugés et traités comme suspects. — Le prix des journées de ces travailleurs sera fixé dans les 24 heures, dans les communes où se trouveront placés les travaux auxquels ils sont destinés. Les journaliers ou ouvriers qui *se coaliseraient pour se refuser aux travaux exigés par la réquisition ou pour demander une augmentation de salaire contraire à l'arrêté, seront traduits au tribunal révolutionnaire.* Chacun des membres des districts et des municipalités seront personnellement responsables de l'exécution du présent arrêté. »

Et, se prononçant sur le mode même du salaire qui pouvait être, suivant les lieux, payé en nature ou en assignats, le Comité décidait que le payement de ce dernier mode serait calculé sur la valeur au maximum de la quantité de blé donnée au premier. A quoi la commission des approvisionnements ajouta que *tout s'utilisait ainsi entre les mains du législateur, et que l'instrument du despotisme était converti en instrument utile.* Mais, comme complément à toutes ces mesures, le Comité vint à penser que les prisonniers de guerre eux-mêmes pourraient être utilisés pour les travaux de la récolte, *ce qui serait un moyen de leur faire connaître les principes d'humanité et de générosité qui animent la nation contre laquelle on les avait armés...* Toutefois, ajoutait l'article V de cet arrêté, *le salaire des prisonniers de guerre sera toujours au maximum.*

Pour plus de sûreté, des agents et des inspecteurs furent chargés, en même temps que les sociétés populaires, de poursuivre activement l'exécution de ces mesures et de s'assurer du concours efficace de tous les fonctionnaires publics. (Art. XVII de l'arrêté du 11 prairial, An II).

Le représentant Mathieu, qui se trouva chargé de poursuivre l'exécution de ces mesures dans les départements de l'Ouest, ajouta, par un arrêté, daté de Rennes, que les chefs de corps détacheraient de l'armée tous les militaires qui pourraient concourir à la rentrée des récoltes et que, s'il arrivait que quelques moissons se trouvassent abandonnées, faute de bras, les districts seraient chargés de les faire battre et rentrer, en payant les ouvriers, en nature, sur les grains de la récolte. (Articles 3, 4 et 5.) — Pour les semailles qui devaient suivre, l'article VII, du même arrêté, disait que *les administrations des districts restaient chargées du soin de les assurer par toutes les mesures de précaucance qui seraient possibles, après avoir adressé leurs vues aux Représentants en mission près des trois armées des départements de l'Ouest.*

Mais, au fond, les variations sans fin et sans terme des prix maximum incessamment rendus obligatoires par les arrêtés locaux, soit des Représentants en mission, soit des administrations départementales, ne pouvaient arriver à régulariser le cours des denrées de consommation, non plus que les salaires des travailleurs, qu'ils fussent simples ouvriers, débitants, petits commerçants ou négociants en gros, chacun de ces groupes de travailleurs ayant droit à une rémunération proportionnelle.

Le comité de Salut public et la Convention eurent, de leur côté, à se préoccuper de ces embarras sans cesse renaissants, et c'est à cette circonstance que l'on dut les tableaux généraux des prix-maximum édictés en l'an II. Ils forment une série de Bulletins dont le seul aspect est fait pour confondre toutes les appréciations qu'on croirait propres à faire comprendre la pensée raisonnée de cet étrange système de gouvernement, arrivé, par un dernier effort, à l'absurdité la plus complète et la plus monstrueuse. — Il suffira, pour s'en convaincre, d'exhiber de cette inénarrable *logomachie* conventionnelle, un des nombreux Bulletins qui y prirent rang, comme actes officiels et obligatoires, — soit le N° 17 ; il contient le tableau de la quincaillerie, *avec les prix de 1790, augmentés d'un tiers*.

Croirait-on que ce tableau, décrété obligatoire pour l'acheteur comme pour le marchand, ne contient pas moins de 3618 articles décrits et définis en livres, sous et deniers, ainsi que dans leurs dimensions, avec leurs *maximum* mis en relief dans une colonne faisant suite à celles où leurs dimensions et leur poids au cent et à la douzaine sont inscrits. Si des fers vous passez au bois de travail, c'était bien autre chose : les tableaux étaient dressés par départements et pour chaque district de ces départements, si bien que quand vous changiez de région, les bois équarris et travaillés n'étaient plus de la même dimension, du même nom ni du même prix. Quelquefois le tableau ne donnait plus de dimension et se contentait d'énoncer l'article comme étant de 1re ou de 2e qualité. C'était, en quelque sorte, la confusion édictée au nom même de la loi ou suivant le bon plaisir des Représentants en mission ou des administrations locales pressées par des besoins irréductibles. — Si le tableau, publié dans chaque district, édictait surtout un prix *maximum* pour les denrées ou les produits dus à l'industrie locale, ce tableau, sauf les appréciations personnelles du vendeur et de l'acheteur, entre lesquels l'administration avait le devoir de prononcer, était surtout destiné à régler les besoins de la population. — Mais, si quelques-uns des produits de la localité, soit naturels, soit fabriqués,

devenaient l'objet de demandes faites du dehors par de simples consommateurs ou par des marchands spéculateurs ayant un droit de
majoration à ménager ou à faire valoir, en arrivant sur un marché
étranger plus ou moins éloigné, comment faire pour assurer les
droits de chacun ? — Les tableaux généraux dont nous venons de
parler furent un effort faits dans ce sens. Mais, il se trouva du
premier coup incomplet et insuffisant. J'en trouve la preuve dans
une lettre de l'agent national du district de Toulouse, en date du 14
messidor An II, qui s'adresse à son collègue du district de Landerneau, en lui envoyant les tableaux dressés à Toulouse pour toutes
les marchandises qu'on peut y rechercher. — Ces tableaux, au
nombre de 11, sont classés comme suit : Quincaillerie, — rubans de fil
et cordages, — cuirs et peaux, — papiers, — boissons et aliments, —
chapeaux, — étoffes en coton, — teintures et apprêts, — toilerie, —
draperies fines et communes, — drogueries et épiceries ; ils ne contiennent pas moins de 3,000 articles scrupuleusement définis et calculés de manière à comprendre, dans les tableaux eux-mêmes, l'indication des lieux de provenance, les frais de transport et le nombre
de lieues parcourues par la marchandise pour arriver jusqu'au consommateur, puis le tant pour cent accordé au marchand, suivant
qu'il est marchand en gros ou au détail, sur le prix de premier
achat, et eu égard au tarif maximum du lieu de fabrique ou de départ. — On frémit, en vérité, à la seule idée de ces complications,
et on sent à la première vue de ces définitions édictées par des administrateurs imposés mais non élus, qu'ils devaient être arrêtés dès le
premier pas de leur œuvre, si la loi des suspects et les tribunaux
révolutionnaires n'avaient été en plein exercice et prêts à les soutenir. — L'agent national de Toulouse le sentait lui-même ; en écrivant à *son frère et ami*, l'agent national de Landerneau, il lui
recommandait de lui envoyer le plus tôt possible les tableaux de
son district et principalement celui des toiles, « sans manquer d'y
« joindre les *tableaux supplémentaires des marchandises qui se*
« *récoltaient ou se fabriquaient dans son district. Et dans le cas*
« *où ce tableau n'aurait pas encore été fait, il le priait de lui indi-*
« *quer l'époque où il pourrait espérer de le recevoir, ne pouvant,*
« *de son côté, disait-il, finir ses opérations sans ce tableau.* »

En effet, ces tableaux n'étaient eux-mêmes jamais définitifs et ne
pouvaient servir de règle ni à l'administration, ni aux consommateurs, ni aux commerçants auxquels la loi accordait 5 p. 0/0 ou
10 p. 0/0 suivant leurs titres de marchands en gros ou en détail.

Voyez et abordez vous-même cet inextricable problème, en prenant, par exemple, le tableau de Toulouse relatif aux fils et aux toiles. Ce seul tableau ne contient pas moins de 4 à 500 articles. Consultez celui des toiles ; elles se sous-divisent en toiles de Persienne, toiles de Rodez, — toiles d'Agen, — toiles de Castel-Jaloux, — de Valence, — de Villeneuve, — de Cahors, — de Gourdon, — de Montauban, — de Saint-Ciré, — d'Aurillac, — de Brives, — de Pau, et, sous chacune de ces dénominations, on compte 8, 10 et 12 désignations spéciales, relatives à la couleur de la toile, à son poids, à son aunage, à sa trame ou à sa chaîne ; puis viennent les distances et les frais de transport qui sont calculés en sous et deniers..... Cependant, comme le disait l'agent national de Toulouse, son œuvre restait suspendue et la note du *maximum* des toiles de Bretagne, qui ne lui arrivait pas, arrêtait l'entier achèvement de ses opérations. Mais, d'un autre côté, la Convention n'avait pas été plus heureuse que l'agent de Toulouse dans la confection de ses tables sans nombre et sans fin de ses prix *maximum*, car à Toulouse, comme partout, les administrations départementales furent obligées de dresser des tableaux supplémentaires pour toutes les marchandises qui n'avaient point été maximées par la Convention.

Le tableau supplémentaire de Toulouse, dressé pour combler cette lacune, et envoyé en communication à l'agent national du Finistère, ne contient pas moins de 109 articles, ce qui veut dire, une fois de plus, que ni les administrations locales, ni les représentants envoyés sur les lieux, ni la Convention, aidée de ses comités, ne parvinrent à rien de pratique, pour l'accomplissement de cet étrange système, base d'une doctrine sans application possible et qui ne reposait que sur des expédients mensongers.

En poursuivant l'exposé de ces faits jusque vers l'an IV, nous achèverons de reconnaître ce qu'ils eurent d'absurde et d'impraticable, et dans quel désordre ils jetèrent la France, tous ses services publics et jusqu'aux intérêts généraux et privés des citoyens.

Comment, en effet, n'avoir pas vu, dès le premier essai de ce régime, qu'il allait couper court à toute spéculation ou tentative de profit, l'abondance ou la rareté d'une marchandise ne pouvant rien changer au prix de vente ou d'achat qui se trouvait fixé par le tarif du maximum. Dès lors, évidemment, personne n'eut intérêt à courir les risques attachés à la recherche ou à la production d'une marchandise qui venait à manquer, au détriment de la population entière.

DÉPARTEMENT DU FINISTÈRE.

DISTRICT DE MORLAIX.

DU vingt-sixieme jour du premier mois de l'an second de la
République Française, une et indivisible.

*Séance présidée par le citoyen BUGHER, assisté des citoyens Silvestre
DÉNIS, Charles GUIOMAR, André ROZEC, et VERGHIN, Administrateurs. Présent le citoyen RIOU, Procureur-Syndic.*

*Vu l'Article 1 de la Loi du 29 Septembre, qui charge l'adminis-
tration de rédiger le tableau du maximum, ou plus haut prix de
chacune des denrées énoncées à l'article premier des Décrets, d'en
afficher le résultat dans la huitaine de la réception de la Loi, etc.
Après avoir invité les Negotians, Manufacturiers, et Fabricants,
de concourir à éclairer l'administration sur les connoissances certaines, sur les mercuriales des denrées et marchandises de première
nécessité, et entendu, dans son rapport, la commission chargée de
recueillir les instructions nécessaires pour remplir le but de la Loi;*

*Ouï le Procureur-Syndic dans ses conclusions, le Directoire
arrête que le maximum des denrées et marchandises ci-après,
demeurera fixé jusques au 29 Septembre 1794, conformément au
présent tableau, qui sera dans le jour porté à l'impression, pour
être tiré en nombre suffisant d'exemplaires, et néanmoins publié et
affiché demain 27 au son de Caisse, et être la main tenue à son
exécution.*

NATURE DES DENRÉES ET MARCHANDISES.		Maximum.		
		Liv.	*S.*	*D.*
VIANDE FRAICHE.	Bœuf, la livre.	»	10	»
	Vache, *idem.*	»	7	»
	Genisse, *idem.*	»	7	»
	Veau, *idem.*	»	8	»
	Mouton, *idem.*	»	8	»
Viande salée.	Cochon, pieds et têtes exceptés.	»	10	»
	Le gros lard.	»	12	»
	Beurre à la livre.	»	12	»
	Huile douce, le pot.	8	»	»
BÉTAIL.	Bœuf en vie, la pièce.	350	»	»
	Vache, *idem.*	120	»	»
	Genisse, *idem.*	100	»	»
	Veau, *idem.*	28	»	»
	Mouton, *idem.*	10	»	»
	Porc, *idem.*	200	»	»
Poisson salé.	Morue, la livre.	»	12	»
	Hareng, la pièce.	»	2	»

NATURE DES DENRÉES ET MARCHANDISES.	Maximum.		
	Liv.	S.	D.
VIN { rouge, la barrique.	160	»	»
blanc, la barrique.	120	»	»
rouge, en bouteille.	»	15	»
blanc en bouteille.	»	12	»
Eau de vie de vin, la velte	10	»	»
Vinaigre, le pot.	1	»	»
Cidre, la barrique.	48	»	»
Bière, idem.	48	»	»
Bois à bruler, la corde.	24	»	»
Fagots, le cent, 1ere qualité.	0	»	»
CHARBON { de bois, la livre.	»	1	»
de terre, la barrique.	18	»	»
CHANDELLE { moulées, à mèches de coton.	1	1	»
mèche de demi fil et coton	»	18	»
à la baguette.	»	15	»
HUILE { à bruler ordinaire, la velte.	12	»	»
de baleine, idem.	10	8	»
Le Sel, la livre.	»	2	»
La Soude ².	»	»	»
	»	13	0
SUCRE { brut, la livre.	»	18	»
tête, idem.	1	3	»
terré, idem.	1	12	»
en pain.	»	8	»
Miel, la livre.	5	»	»
PAPIERS { écu fin, la rame.	3	4	»
bâtard fin, la rame.	2	13	»
grand genes, idem.	2	3	»
petit genes.	1	8	»
bulle blanche, idem.	15	»	»
au griffon, idem.	15	»	»
à lettres, grand modèle d'Hollande	10	»	»
dito à écu.	10	»	»
aux armes.	4	5	»
étoile fin.	»	12	»
CUIRS Verds { de bœuf, la livre.	»	14	»
de vache, idem.	»	14	»
de genisse, idem.	»	18	»
de veau, idem.	2	10	»
mouton en laine, la pièce	1	12	»
CUIRS Tanés { de bœuf, la livre.	2	5	»
de vache, idem.	2	10	»
de genisse.	2	»	»
de veau, idem.	42	»	»
FERS le Cent pesant { plat, quarré de Suède, Sibérie et Espagne	40	»	»
fin plat quarré, martinet et cerceau	55	10	»
rond et octogone.	70	»	»
feuillards et feuillettes.	30	»	»
France cassant pour clouterie.	40	»	»
verge de loup.			

1. Fixé par la Loi.
2. N'est pas en usage.

NATURE DES DENRÉES ET MARCHANDISES.		Maximum.		
		Liv.	S.	D.
ACIER	de Suède, le cent pesant	83	»	»
	d'Allemagne, idem.	120	»	»
	Plomb, le quintal en saumons.	40	»	»
CUIVRE	Fonte en saumons, le cent pesant.	16	»	»
	rouge en planches, la livre	2	16	»
	jaune, idem.	3	14	»
	Chanvre, le quintal.	48	»	»
LIN	Lin en bottes, non peigné, la livre.	»	13	»
	dito, peigné.	1	»	»
LAINE	du pays, la livre.	2	8	»
	de Bayonne, idem.	1	4	»

DRAPS.

		Liv.	S.	D.
LOUVIERS.	Aune 5 quarts de laize, diverses couleurs	44	»	»
idem.	de Cherbourg.	12	»	»
	Varambes en 5 quarts Louviers.	44	»	»
ELBŒUF	Bleu en laine 32 en pièce [1]	28	»	»
	de toutes couleurs.	24	»	»
	bleu [2].	18	»	»
	chiné et rayé en 5 8emes de laize	18	»	»
SILESIE	Montagne, 5 quarts de laize.	16	»	»
	Silésie bleue [3].	10	»	»
	dito en couleur ordinaire	8	»	»
SEDAN	5 quarts bleu en laine [4].	44	»	»
	dito en pièce.	29	»	»
	dito en fil.	30	»	»
	de toutes couleurs.	32	»	»
ECARLATE	5 quarts.	44	»	»
	julienne, 4 tiers [5].	60	»	»
LONDRIN	bleu, 5 quarts laize.	24	»	»
DE VIRE	une aune de laize [6].	12	»	»
CALMOUCK	de Valogne.	13	»	»
	5 8emes en toutes couleurs	8	»	»
	5 quarts.	21	»	»
SERGE	de Falaise bleu, une aune	10	15	»
	écouchée, une aune, bleue [7].	8	10	»
	de Nîmes.	4	15	»
	dito doubles d'Uzez.	6	»	»
	de Mantes, basse couleur	2	5	»
	de Caen, idem.	4	5	»
	rouge et bleue.	4	15	»
	impériale.	3	10	»
	Rome, toute couleur.	9	10	»

1. En Réquisition pour la République.
2. Idem.
3. Idem.
4. Idem.
5. Idem.
6. Idem.
7. Idem.

NATURE DES DENRÉES ET MARCHANDISES.	Maximum.		
	Liv.	*S.*	*D.*
RATINES { 5 8emes de laize, bleue.	11	»	»
dito écarlate [1].	12	»	»
dito 5 quarts d'Hollande.	40	»	»
dito en toutes couleurs.	8	»	»
dito en poil.	8	»	»
REFOULÉS { 1ere Ratine d'Espagne en basse couleur	4	»	»
en 3 8emes de laize.	2	8	»
dito bleus et rouges.	2	15	»
S. Nicolas rouge et bleu.	3	6	»
MAZAMET { en basse couleur [2].	3	»	»
en bleu, mi aune.	5	»	»
blanc.	5	»	»
bleu et pourpré.	5	5	»
REDIN { de basse couleur.	4	15	»
fin.	6	»	»
LIZIEUX { basse couleur.	5	»	»
dito bleu.	5	5	»
DE LYON { en basse couleur, demi-aune.	3	10	»
2me Pluche de Rouen, en basse couleur [3]	4	»	»
MOELETON Blanc de Sommières.	5	5	»
PANNES { en poil.	12	»	»
en laines unies.	5	5	»
ciselées.	4	10	»
BERGOPSOM { de Saint-Lô, une aune.	13	5	»
de Falaise, une aune.	10	»	»
écouchée.	8	15	»
en demi-aune.	6	»	»
CADIS { La Bruïère, basse couleur	5	5	»
bleu.	6	»	»
de Montauban, demi-aune	6	»	»
de 5 quarts.	21	»	»
CASTOR { Frison en toute couleur.	4	»	»
prime, demi aune.	6	»	»
second, demi aune.	4	5	»
FLANELLE { Maroc en basse couleur.	3	5	»
de Castres.	5	»	»
de Reims la 1re lisse.	3	»	»
croisé Ségovie.	4	5	»
façon d'Angleterre.	8	»	»
VOILE { bleu mi-fin.	6	»	»
écarlate [4].	8	»	»
blanc.	5	»	»
TRICOT { bleu, l'aune.	5	»	»
blanc.	4	10	»
corifé.	4	10	»

1. En Réquisition pour la République.
2. Idem.
3. Idem.
4. Idem.

NATURE DES DENRÉES ET MARCHANDISES.		Maximum.		
		Liv.	*S.*	*D.*
	Cordelas de 5 8mes de laize.	13	5	»
	My tonde écarlate, demi aune.	9	»	»
	Droguet sur étaim.	2	15	»
CAMELOT	{ sayette.	3	15	»
	turquoise.	4	5	»
	poil de chèvre.	12	»	»
BARACAN	En toute couleur.	8	»	»
	Mi-Soie.	6	»	»
	Prunelles, toutes couleurs.	10	»	»
BLICORUT	Basse couleur.	2	15	»
	En haute couleur.	4	»	»
	Calemende de Lille, toutes couleurs [1].	8	»	»
VELOURS de Rouen.	Première qualité.	20	»	»
	Seconde qualité.	18	»	»
	Montauban frisé.	6	1	»

TOILES DE MORLAIX.

CRÉES LARGES.

	Première.	372	»	»
	Seconde.	337	»	»
	Troisieme.	303	»	»
	Quatrieme.	267	»	»
	Cinquieme.	210	»	»

ÉTROITES.

	Première.	276	»	»
	Seconde.	250	»	»
	Troisieme.	223	»	»
	Quatrieme.	205	»	»
	Cinquieme.	179	»	»
	Enveloppes.	150	»	»
De halles.	Toiles à carreaux, l'aune.	1	12	»
	Première qualité Saint Pol.	2	5	»
	Ordinaire.	1	16	»

A VOILES.

	Royales triples.	1	8	»
	Quatre fils.	1	7	»
	Vitré ordinaire.	1	10	»
	De Rennes à quatre fils, 30 pouces.	1	10	»
	dito 36 pouces.	2	»	»
	dito à 6 fils.	1	15	»
	A quatre fils brins communs.	1	10	»
	En 2 3mes fines.	2	10	»
	Moyenne.	2	»	»
	En laine première qualité.	3	»	»
	Seconde.	2	5	»
	Troisieme.	1	8	»

1. En Réquisition

Nature des Denrées et Marchandises.	Maximum.		
	Liv.	S.	D.
Matieres premieres servant aux Fabriques.			
Les chiffons, le cent.	6	10	»
L'Alun, *idem.*	45	»	»
Couperose, *idem.*	30	»	»
Bois de Campêche, *idem*	60	»	»
Ecorce de Chêne, la barrique.	9	»	»
Sabot pour homme, la paire.	1	»	»
Pour Femme.	»	15	»
Pour Enfant.	»	8	»
Souliers propres à homme, première q.	7	»	»
Taille ordinaire, *idem.*	6	10	»
Pour Femme, *idem.*	5	»	»
Pour enfants jusques à sept ans.	3	10	»
Pour le bas âge.	3	»	»
Colzas et Rabette [1].			
Savon, la livre.	1	5	»
La potasse [2].			
Le Tabac en carottes de 16 onces.	1	»	»
Idem à fumer.	»	10 [3]	»
Suif en branche, le cent pesant.	50	»	»
Idem en pain.	60	»	»

Arrêté en Directoire lesdits jour et an, et signé au registre.

Mais ce tableau ne présenterait pas l'état réel de la situation, si nous ne donnions pas celui qui fut dressé en même temps pour les salaires.

1. Ne sont pas en usage.
2. N'est pas en usage.
3. Fixé par la Loi.

DÉPARTEMENT DU FINISTÈRE.

DISTRICT DE MORLAIX.

TABLEAU *de fixation du maximum des journées de travail dans les Municipalités ci-après.*

Commune de Morlaix.

PROFESSIONS OU MÉTIERS.	Prix de 1790.			Maximum de 1793.		
	₶	s	λ	₶	s	λ
Armurier (maître).............. £	2	6	8	3	10	»
Id. (compagnon).............	1	10	»	2	5	»
Barbouilleur...................	1	10	»	2	5	»
Calfats et charpentiers marins.......	2	»	»	3	»	»
Perceur.......................	2	»	»	3	»	»
Charpentiers et menuisiers, chefs d'atelier...................	1	10	»	2	5	»
Aide Id	1	5	»	1	17	6
Charron.......................	1	15	»	2	12	6
Cloutier.......................	1	4	»	1	16	»
Cordier.......................	1	»	»	1	10	»
Couvreur, chef d'atelier...........	1	5	»	1	17	6
Id. aide.................	1	»	»	1	10	»
Chaudronnier..................	1	16	»	2	14	»
Fondeur......................	2	»	»	3	»	»
Forgeron, maître...............	»	»	»	3	10	»
Id. compagnon............	»	»	»	2	5	»
Goujat.......................	»	12	»	»	18	»
Graveur......................	3	»	»	4	10	»
Horloger......................	3	»	»	4	10	»
Imprimeur....................	2	»	»	3	»	»
Jardinier.....................	1	»	»	1	10	»
Manœuvre....................	»	15	»	1	2	6
Maçon, chef d'atelier...........	1	10	»	2	5	»
Id. aide.................	1	5	»	1	17	6
Mineur......................	1	»	»	1	10	»
Orfèvre.....................	2	10	»	3	15	»
Paveur......................	2	»	»	3	»	»
Piqueur de pierre.............	1	10	»	2	5	»
Plombier....................	2	»	»	3	»	»
Portefaix	1	5	»	1	17	6
Poulieur....................	1	10	»	2	5	»
Sculpteur...................	2	»	»	3	»	»
Sellier.....................	1	6	»	1	19	»
Serrurier, maître...........	2	6	8	3	10	»
Id. aide	1	10	»	2	5	»
Scieur de long	1	6	8	2	»	»
Taillandier.................	2	6	8	3	10	»
Id. aide	1	10	»	2	5	»

PROFESSIONS OU MÉTIERS.	Prix de 1790.			Maximum de 1793.		
	£	s	d	£	s	d
Tanneur................£	1	2	»	1	13	»
Tonnellier.............	1	10	»	2	5	»
Tourneur..............	1	6	»	1	19	»
Tapissier..............	2	»	»	3	»	»
Tailleur...............	»	16	»	1	4	»
SALAIRES AVEC NOURRITURE.						
Boulanger, par mois............	12	»	»	18	»	»
Boucher, par an................	100	»	»	150	»	»
Lingère, par jour..............	»	5	»	»	7	6
Maréchal, par mois.............	11	»	»	16	10	»
Perruquier, par mois...........	12	»	»	18	»	»
Platrier, par mois.............	18	»	»	27	»	»
Repasseuse, par jour...........	»	3	»	»	9	»
Tailleur, id...................	»	8	»	»	12	»
Tailleuse, par jour............	»	6	»	»	9	»
MAIN D'ŒUVRE DE DIVERS OUVRAGES.						
Cordonniers {La paire de bottes...............	3	»	»	4	10	»
Idem, de souliers..................	1	»	»	1	10	»
Ressemelage.......................	»	10	»	»	15	»
Tourneur, par douzaine de chaises.....	6	»	»	9	»	»
Tailleurs {Façon d'habit....................	6	»	»	9	»	»
Id. de veste......................	2	»	»	3	»	»
Id. de culottes..................	2	»	»	3	»	»
Cordeur de bois, par corde...........	»	5	»	»	7	6
Id. par jour...................	1	»	»	1	10	»
Porteurs, par faix depuis les calles du Manach et de la Roche jusques à l'arrondissement du quai et de la place du Peuple.....	»	2	»	»	3	»
Charretier, par charretée...........	»	10	»	»	15	»
Des mêmes calles au pont du Dossen, la fausse porte de la rue des Vignes, les halles, la rue de Bourret jusqu'aux Escaliers de la rue Courte, la rue de Ploujean, jusques et compris le recoin du Nord et de la grande venelle des Lances. Porteurs, par faix..	»	4	»	»	6	»
Charretier, par charretée...........	»	15	»	1	2	6
Des calles du Manach et de la Roche, jusques et compris la place de Saint-Mathieu, place du Temps Perdu, le four de la ville neuve, la ruelle de Créach-Choli, place de Bélair. Porteur, par faix................	»	5	»	»	7	6
Charretier, par charretée...........	»	17	»	1	5	6
Et pour le surplus de la ville, place au lait de la section des Halles, Pouliet, place de la section de la Roche, haut de la Ville neuve et la rue de Ploujean, rue de Brehat. Porteur, par faix........................	»	7	»	»	10	6

6.

PROFESSIONS OU MÉTIERS.	Prix de 1790.			Maximum de 1793.		
	r	s	h	t	s	h
Charretier, par charretée .... £	1	»	»	1	10	»
Journée de cheval..................	2	»	»	3	»	»
COURSE DE CHEVAUX QUITTES.						
De Morlaix, à Landivisiau.............	»	»	»	4	»	»
D'id. au Pontou................	»	»	»	3	»	»
D'id. à Saint Pol.............	»	»	»	3	»	»
D'id. à Lannion.............	»	»	»	7	»	»
D'id. à Carhaix.............	»	»	»	9	»	»

Commune de Roscoff.

	Prix de 1790			Maximum de 1793		
Charpentier de mer................	»	40	»	3	»	»
Calfat.........................	»	40	»	3	»	»
Voilier.......................	»	40	»	3	»	»
Menuisier......................	»	30	»	2	5	»
Son compagnon..................	»	25	»	1	17	6
Couvreur......................	»	30	»	2	5	»
Darbareur.....................	»	20	»	1	10	»
Ouvriers marins, chaloupier, grayans.	»	40	»	3	»	»
Journaliers, portefaix de ville et du port......................	»	20	»	1	10	»
Maçon........................	»	30	»	2	5	»
Son aide.....................	»	20	»	1	10	»
Jardinier.....................	»	16	»	1	4	»
Tailleur d'habit de ville...	»	8	»	»	12	»
Tailleur d'habit de campagne........	»	6	»	»	9	»
Tailleuse pour ville..............	»	6	»	»	9	»
Tailleuse pour campagne...........	»	4	»	»	6	»
Lingère......................	»	6	»	»	9	»
Repasseuse de linge.............	»	6	»	»	9	»
Buandier	»	6	»	»	9	»
Journalier pour labeur de campagne, pour l'hiver.................	»	6	»	»	9	»
Journalier pour labeur de campagne, pour l'Août.................	»	12	»	»	18	»
Charron......................	»	15	»	1	2	6
Charpentier de ville.............	»	30	»	2	5	»
Son compagnon.................	»	25	»	1	17	6
Fendeur de bois, pour une corde.....	»	24	»	1	16	»
Tonnelier.....................	»	40	»	3	»	»
Journées de chevaux avec selle......	»	30	»	2	5	»
Idem. sans selle.......	»	25	»	1	17	6
Journée de cheval quitte et piéton....	»	»	»	5	»	»
Pour 1/2 tonneau et au-dessous......	»	6	»	»	9	»
Pour 1/2 tonneau jusqu'à 1 tonneau....	»	12	»	»	18	»
Pour port et remplissage d'une barrique d'eau, depuis la fontaine jusqu'au quai, par chaque...........	»	10	»	»	15	»
Pour port au quai ou magasin, de 15 ancres d'eau-de-vie, etc., ou semblable continence.................	»	6	»	»	9	»

Les ouvriers de cette classe sont nourris et outre la taxe.

Ouvrier de ville pour port au quai ou magasin.

PROFESSIONS OU MÉTIERS.	Prix de 1700.			Maximum de 1703.		
	𝓁	s	d	𝓁	s	d
Chartier de ville pour port au quai ou magasin Pour port du lest, sables ou pierres. £	»	8	»	»	12	»
Pour un portage de sel	»	20	»	1	10	»
Pour 6 barils de graines de lin	»	6	»	»	9	»
Pour 100 fagots	»	6	»	»	9	»
Pour 1 corde de bois	»	12	»	»	18	»
Pour Morlaix	8	»	»	12	»	»
Pour Landivisiau	8	»	»	12	»	»
Pour Lesneven	12	»	»	18	»	»
Pour Plouescat	8	»	»	12	»	»
Chartier Pour Saint-Paul. 1/2 tonneau	2	»	»	3	»	»
1 tonneau	3	»	»	4	»	»

Commune de Saint-Paul.

	𝓁	s	d	𝓁	s	d
Nourris quand ils sont reçus à la maison Menuisiers	1	10	»	2	5	»
Compagnons id	1	»	»	1	10	»
Couvreurs	1	10	»	2	5	»
Darbareurs	1	»	»	1	10	»
Maçons	1	10	»	2	5	»
Darbareurs	1	»	»	1	10	»
Jardiniers	1	»	»	1	10	»
Tailleurs de ville	»	8	»	»	12	»
Tailleurs de campagne	»	6	»	»	9	»
Tailleuses de ville	»	6	»	»	9	»
Idem. pour campagne	»	4	»	»	6	»
Buandière, repasseuse et lingère	»	6	»	»	9	»
Journaliers pour les travaux de campagne, pour l'hiver	»	6	»	»	9	»
Journaliers pour les travaux de campagne, pour l'août	»	16	»	1	4	»
Journée de cheval avec selle	1	10	»	2	5	»
Nourriture en sus. Idem. quitte	3	»	»	4	10	»
Charron de campagne	»	15	»	1	2	6
Charpentier de ville	1	10	»	2	5	»
Compagnon id	1	»	»	1	10	»
Fendeur de bois, par corde	1	4	»	1	16	»

CHARTIERS.

	𝓁	s	d	𝓁	s	d
De l'enpont à St-Paul Pour 1/2 tonneau et au-dessous	1	»	»	1	10	»
Pour au-dessus d'un demi tonneau jusqu'à un tonneau	1	6	»	1	19	»
Pour 100 fagots	1	»	»	1	10	»
Pour une corde de bois	1	6	»	1	19	»
Journées des Chartiers. Pour Morlaix	6	10	»	10	»	»
Pour Landivisiau	6	10	»	10	»	»
Pour Plouescat	6	10	»	10	»	»
Pour Lesneven	10	»	»	15	»	»
Pour Roscoff	2	»	»	3	»	»

Commune de Ploujean.

PROFESSIONS OU MÉTIERS.	Prix de 1790.			Maximum de 1793.		
	℔	ſ	λ		ſ	λ
Journées de travail.................	»	15	»	1	2	6
Guerlesquin......................	»	15	»	1	2	6
Locquirec.						
Laboureurs et cultivateurs..........	»	15	»	1	2	6
Menuisiers et charpentiers..........	1	»	»	1	10	»
Couvreurs d'ardoises..............	1	»	»	1	10	»
Massons.........................	1	»	»	1	10	»
Tailleurs et couturiers.............	»	15	»	1	2	6
Plouézoch.						
Laboureurs et cultivateurs..........	»	16	8	1	5	»
Menuisiers......................	1	»	»	1	10	»
Tailleurs........................	»	16	8	1	5	»
Massons.........................	1	»	»	1	10	»
Tonneliers......................	1	»	»	1	10	»
Couvreurs de paille et genêt........	»	13	6	1	»	»
Saint-Jean......................	»	5	»	»	7	6
Saint-Thegonnec.................	»	15	»	1	2	6
Plriber-Christ...................	»	15	»	1	2	6
Plougoulin.						
Journées en hiver.................	»	3	»	»	4	6
Depuis mars jusqu'août............	»	5	»	»	7	6
Pour sarcler....................	»	3	»	»	4	6
Pour le mois d'août...............	»	10	»	»	15	»
Pour broyer 2 douzaines de lin.......	»	10	»	»	15	»
L'ile de Batz....................	»	8	»	»	12	»
Carantec.						
Laboureurs, cultivateurs...........	1	»	»	1	10	»
Charpentiers....................	1	10	»	2	»	»
Tailleurs	»	19	»	1	8	»
Locquénolé......................	1	»	»	1	10	»
Botzorhel......................	»	15	»	1	2	6
Plouegat-Moisan.................	»	15	»	1	2	6
Pontou........................	»	15	»	1	2	6
Lanmeur.......................	»	15	»	1	2	6
Guimec........................	»	15	»	1	2	6
Plouegat-Guérand...............	»	15	»	1	2	6
Plouganou......................	»	15	»	1	2	6
Garlan.........................	»	15	»	1	2	6
Plougouven.....................	»	15	»	1	2	6
Lanlanou......................	»	15	»	1	2	6

PROFESSIONS OU MÉTIERS.	Prix de 1790.			Maximum de 1793.		
	#	ſ	λ	#	ſ	λ
Le Cloitre............................£	»	15	»	1	2	6
Plouigneau...........................	»	15	»	1	2	6
Plourin.............................	»	15	»	1	2	6
Plounéour-Menez.....................	»	15	»	1	2	6
Guiclan..............................	»	15	»	1	2	6
Plouénan............................	»	15	»	1	2	6
Taule...............................	»	15	»	1	2	6
Henvic..............................	»	15	»	1	2	6
Saint-Sève..........................	»	15	»	1	2	6
Saint-Martin........................	»	15	»	1	2	6

Certifié conforme aux divers états remis par les municipalités du ressort.

Morlaix, le 5 nivôse, 2e année de la république française une et indivisible.

L'agent national provisoire près le District de Morlaix,
SAILLOUR.

IV

Pour suivre, dans son développement, le régime que nous étudions, nous devons nous arrêter à l'examen de deux documents officiels de la fin de l'an 2 ; l'un, daté du 24 messidor et signé de Prieur (de la Marne) ; l'autre, du 28 fructidor, signé de Faure et de Tréhouart.

Ces deux documents, imprimés sous forme d'affiches, furent, l'un et l'autre, édictés en vue de parer aux besoins pressants de la flotte et des magasins de la marine à Brest. Je transcris ces arrêtés, parce que c'est le moyen le plus sûr d'en faire connaître l'esprit et la portée. On arrivait à la moisson de 1794, et je n'ai pas besoin de dire que les réquisitions d'hommes et de semences de l'année précédente avaient forcé de laisser beaucoup de terres en friche.

» Attendu, disait Prieur de la Marne, l'urgence où se trouve l'administration de la marine de Brest, de pourvoir à des achats considérables de bêtes à cornes pour les approvisionnements des vaisseaux, des hôpitaux et des établissements relatifs à la marine de la République, dont les besoins augmentent chaque jour [1] ;

1. Voici une note sur l'hospice de Brest que nous avons relevée dans les archives de cette commune:

« — Le dénuement des malades est tel, et le désordre de la maison si grand, qu'il

« Considérant, d'après les comptes qui lui ont été rendus par la dite administration, que le citoyen Castera, agent employé par elle à l'achat dudit bétail, serait dans l'impossibilité d'y pourvoir, s'il était assujetti à acheter seulement dans les foires et les marchés, ainsi qu'il avait été prescrit par nos arrêtés du 6 Pluviôse et 12 Nivôse, parce que les dites foires et marchés sont actuellement presque totalement dégarnis de bestiaux ;

« Arrête :

« En attendant qu'il soit pris des mesures sévères pour le rassemblement aux foires et marchés, de bestiaux suffisants pour s'y approvisionner, le citoyen Castera est autorisé, jusqu'à nouvel ordre, à faire des réquisitions dans tous les lieux des trois départements du Finistère, des Côtes-du-Nord et du Morbihan, pour enlever les bestiaux nécessaires à l'approvisionnement de Brest, sans qu'il puisse éprouver le moindre empêchement à ce sujet.

« Et que, s'il trouvait parmi les bœufs nécessaires à la culture, des animaux propres à être requis, pour leur service, en raison de leur âge et de leur grandeur, le remplacement en serait fait aux cultivateurs, en bœufs plus jeunes et en compensant les prix, d'après l'estimation des experts. »

On peut juger, d'après ces prescriptions, à quel degré de pénurie on se trouvait déjà arrivé ; aussi les districts et les administrations locales sont-ils appelés à y aviser. Les Articles VII et VIII de l'arrêté de Prieur leur recommandaient de ne plus *permettre d'abattre, pour la consommation des habitants, que les vieilles vaches ou celles qui seraient reconnues hors d'état de porter veau, tout contrevenant devant être traité comme ennemi du bien public.* — Quant aux veaux mâles, *défense à tout autre qu'aux fournisseurs des hôpitaux d'en tuer d'ici à l'espace de trois mois, sous peine de détention.*

Mais ces mesures draconniennes et à contre-sens absolu de toute doctrine d'économie raisonnée ne furent même pas un palliatif, et les deux représentants Faure et Tréhouart, venant prendre la place de Prieur de la Marne, à un mois de distance, prescrivirent, par de nouvelles affiches, de formidables mesures qui changèrent, une fois de plus, le régime que leur collègue avait improvisé. L'arrêté des deux nouveaux représentants, daté du 28 Fructidor an 2, s'étonnait de la *disproportion des prix exorbitants que payait l'administration de la marine, eu égard aux prix ordinaires payés par les*

« n'y a d'autre discipline que d'interdire la porte extérieure aux habitants de la mai-
« son. — Pas de vivres, pas de vêtements ; tous les malades descendent dans la cour
« avec leur couverture jetée sur leurs épaules et retenue au col par des broches en
« bois au lieu d'épingles, le reste du corps nu ou à peine couvert de quelques lambeaux
« de toile. »

particuliers; et ils décidaient qu'il était extrêmement pressant d'aviser à une réforme économique et de recourir à des moyens nouveaux.... En conséquence, ils arrêtèrent qu'au lieu de recourir à des *commissaires qui se croisaient dans leurs opérations, il était instant, après avoir appelé à eux des membres des diverses administrations, ainsi que leurs agents extérieurs, qu'ils travaillassent de concert à former une masse des résultats de leurs gestions, afin d'établir un entrepôt qui pût fournir aux besoins séparés du service.*

Et tous les actes, marchés ou engagements, contractés par les ci-devants agents, *furent, en conséquence, déclarés nuls,* en même temps que six commissaires spéciaux, nommés pour la circonstance, resteraient chargés des approvisionnements en bois de toute espèce dont le port et l'administration pourraient avoir besoin. Et, pour arriver à ce but, les gabares, les charrettes, les voituriers nécessaires au transport des bois particuliers, publics ou saisis sur les émigrés, furent mis en réquisition, suivant les prix de 1790, augmentés d'un tiers. Et si le pain venait à manquer aux voituriers ou aux matelots des gabares, il était dit, Art. V, que le pain *leur serait fourni en déduction des prix de transport qui pourraient leur être dûs.* — Quant aux commissaires désignés pour l'opération, il fut établi, Art. VII, qu'ils se mettraient en rapport avec le bureau où tous les renseignements devaient se concentrer, et que ce bureau serait composé d'un membre du district, d'un employé de la marine et d'un délégué de l'armée de terre, qui toucheraient 1800 ^{tt} d'appointements annuels, outre 12 ^{tt} de frais par jour d'ambulance ; que la gendarmerie serait employée, par ces commissaires, pour *stimuler les municipalités dont l'indolence pourrait ralentir ou atténuer les mesures prises par lesdits commissaires, et que ceux-ci pourraient mettre ces gendarmes en garnison, à raison de 18 ^{tt} par jour, chez les officiers municipaux qui s'y seraient exposés par leur insouciance et leur inertie.*

Du reste, la confusion et l'embarras existaient partout, et dès le 20 Messidor, le district de Morlaix demandait à l'administration départementale l'autorisation de renvoyer à l'œuvre pressante des récoltes les hommes de la campagne qui avaient été requis pour la réparation des routes. — Celle-ci, en s'adressant au représentant du peuple en mission, pour obtenir cette autorisation, demandait en même temps que, jusqu'à nouvel ordre, aucune charrette de la campagne ne fut requise pour le service des grandes routes. A partir

do ce moment, aucun acte, aucun projet de la part des citoyens,
aussi bien que des communes, ne put donc être conçu ou réalisé,
sans que l'autorité en eût connu. Mais toutes ces mesures enche-
vêtrées les unes dans les autres ne ramenaient l'ordre nulle part ;
nous en avons la preuve dans un nouvel arrêté des représentants
Faure et Tréhouard, qui, à quelques jours de distance, le 3 Brumaire, reconnaissaient l'insuffisance de leur arrêté du 28 Fructidor et essayaient d'y suppléer, en disant qu'au lieu de 1500 cordes
de bois de chauffage qu'on avait demandées pour le port de Brest,
il en faudrait 3400. Ils ajoutaient qu'au bout d'une décade, si on
n'y avisait, on serait privé de tout combustible, l'abattage des bois
mis en réquisition se faisant d'une manière illusoire. Et les *mesures
ordinaires restant insuffisantes, le général de division Tribout
fut chargé de fournir 300 hommes, 10 sergents et 10 caporaux,
sachant un peu manier la hache, pour être répartis dans les
exploitations les plus considérables ; d'ailleurs, (Art. III) aucun
volontaire désigné pour une exploitation ne pourrait s'absenter
sans être remplacé, etc., etc.*

De son côté, le Comité de Salut public, intervenant lui-même, prenait, à la date du 10 brumaire, sur le rapport de la commission des
approvisionnements, un arrêté pour l'achat des cuirs, des suifs et
des graisses, pour lesquels on créa, dans les places de guerre, une
douzaine de dépôts du genre de ceux qui avaient été improvisés à
Brest, avec obligation aux agents qui en furent chargés d'inven-
torier les animaux qui seraient abattus, de s'assurer comment les
cuirs auraient été salés, si les chairs avaient été bien dégraissées et
quelles quantités de graisse et de suif avaient été prises en compte. —
Les administrations de district, les commissaires des guerres et les
chefs de cantonnement avaient chacun leur rôle dans ces opérations,
et le Gouvernement faisait ainsi passer les détails de l'industrie aux
mains de ses agens qui étaient, à la fois, chargés des opérations
manuelles, du payement des matières et de la solde des ouvriers.

Ainsi qu'on le voit, tout le régime administratif se trouva lui-
même complètement changé, à partir de ce moment. L'industrie
privée et les fournisseurs, comme intermédiaires, ne furent plus
appelés ; les représentants et les chefs de service créèrent de nouveaux emplois et de nouveaux fonctionnaires, suivant que le besoin
leur parut s'en faire sentir.

Nous verrons quelles conséquences inévitables et désastreuses ce
régime allait entraîner avec lui. On peut d'autant moins douter des

résultats, qu'après plus de deux mois passés à Brest, les représentants Fauro et Tréhouart ne surent même plus ce qui se passait autour d'eux.

Dès le 5 Frimaire an 3, le comité de Salut public s'était trouvé forcé de leur écrire, pour leur faire savoir que le district de Brest, et même aucun district du Finistère, n'avait encore fourni les états de recensement des récoltes de messidor qui leur avaient été demandés depuis longtemps, c'est-à-dire, depuis plus de trois mois. *Il nous paraît*, disait le Comité, *que les autorités constituées sont d'une négligence impardonnable, s'il n'y a pas même de la malveillance de leur part.* Et là-dessus, les représentants, se retournant vers les districts, leur faisaient part de leur étonnement et aussi de leurs menaces. (Lettre du 16 frimaire).

Ce qui se passait à Brest et dans le Finistère se répétait ailleurs, et, au mois de nivôse, les notables et les officiers municipaux de Lorient, menacés d'une disette absolue, annonçaient aux représentants en mission à Brest, qu'ils allaient manquer de tout. Le magasinier du port constatait, à la date du 24, qu'il n'existait plus dans les magasins de la marine, un seul grain de froment ou de seigle. Le conseil de cette commune, s'adressant en même temps aux deux représentants Guezno et Guermeur, de passage dans cette ville, leur exposait que le peu de grains que l'on tirait des communes voisines ne s'obtenait que par des réquisitions à main armée. — Pour aviser à ce dénûment, ces représentants prirent sur eux de frapper d'une réquisition immédiate 3000 barils de farine qui se trouvaient sur un bâtiment neutre nommé *Le Mohauk*, en relâche dans le port de Lorient.

« Mais, ajoutait le conseil de la commune aux représentants, si l'expérience a prouvé que l'usage de la force armée n'est pas suffisant pour se procurer le blé et les denrées nécessaires à l'alimentation de la population, ne pourrait-on pas offrir aux hommes de la campagne des échanges en fer, en acier et en savon qui leur manquent depuis plus de 18 mois ? — 200 milliers de fer et 10 milliers d'acier seraient nécessaires pour obtenir les denrées dont Lorient a besoin, etc., etc. (*Délibération du 23 Nivôse. An 3.*)

Dès le lendemain 24, les représentants en écrivaient aux administrateurs de la marine ; — mais, le même jour, le dépositaire des approvisionnements faisait savoir aux délégués de la Convention qu'il lui était impossible de répondre aux demandes de la commune, et que, si les blés manquaient, *la commission des armes manquait, elle-même, des fers et des aciers qui lui étaient nécessaires.* Voilà à quelles impossibilités on se heurtait chaque jour !

Mais continuons : Nous avons déjà parlé de ce qui se faisait, en l'an 2, dans les ateliers des chaussures et de cordonnerie ; nous y revenons, parce que le dénûment devint tout à coup si grand que le comité de Salut public lui-même, par un arrêté du 18 brumaire an 3, appuyé des signatures de Carnot, Cambacérès, Fourcroy, Pelet, Dumont, Dubois-Crancé et Merlin (de Douai), fut amené à se préoccuper du soin d'aviser à faire fabriquer par l'administration elle-même, *les sabots dont les gens de la campagne et toutes les classes de la population manquaient absolument.* C'était le régime du socialisme arrivant à son complet épanouissement.

Mais, avant de parler des *sabots* et de leur confection, itérativement prescrite au nom *du salut public,* complétons ce que nous avons à dire de la fabrication des cuirs et des souliers.

Une première lettre du représentant Faure aux administrateurs du district de Pont-Croix, du 26 vendémiaire an 3, leur faisait sentir, en termes très durs, qu'au lieu de se prévaloir de 2,702 paires de souliers qu'ils avaient fournies pour satisfaire à la loi du 10 ventôse An 2, ils auraient dû arriver à un contingent de 6,502 paires qui leur avaient été demandées, à raison de 225 paires par décade, 45 cordonniers mis en réquisition ayant dû fournir chacun 5 paires par décade. « Ne nous mettez pas dans la position d'être forcés de stimuler votre zèle, » disait Faure en terminant.

C'était précis et très pressant, comme on le voit ; mais le cuir manquait autant et plus que les ouvriers, et je trouve deux arrêtés pris en même temps, à Rennes et à Brest, qui essayaient de pourvoir aux mêmes besoins. — Celui de Rennes, daté du 22 frimaire et signé par les représentants Bollet, Guermeur et Guezno, parle de 300 cordonniers que le district devra mettre à l'œuvre sans délai, *ceux qui refuseraient, devant être regardés comme suspects et traités comme tels;* chaque ouvrier devant, de son côté, fournir *au moins six paires de souliers par décade.* Le tout était mis à la charge des officiers municipaux qui devaient en répondre.

Mais il arriva ici ce qui ne pouvait manquer de se produire dans toutes les entreprises du même genre, la confusion dans les ordres donnés, la surprise et les conflits dans l'exécution. Faure et Tréhouart opérant de Brest sur les trois départements du Finistère, du Morbihan et des Côtes-du-Nord, se trouvèrent en concurrence avec

leurs collègues de Rennes, si bien que des ordres do réquisition
étant arrivés, des deux côtés, à Guingamp, pour les cuirs qui s'y
trouvaient, l'ordonnateur général Pellet écrivit de Rennes que la
marchandise, au lieu d'avoir été mise en route, était restée en magasin, par suite d'oppositions inattendues. Cependant, co n'est pas
que les représentants établis à Brest eussent manqué d'activité,
pour aviser aux lacunes qui se produisaient dans la préparation des
matières. Un arrêté du 28 frimaire avait, en effet, prescrit aux tan-
neurs de Landivisiau et de Landerneau de s'appliquer, sans délai,
à la préparation des peaux qu'on parviendrait à réunir, et le calcaire
et le tan faisant défaut, un ordre avait été donné au général de division Chabot pour qu'il eût à fournir un détachement de 30 hommes
qui seraient envoyés, sans délai, avec les outils nécessaires, pour
extraire du calcaire des rives de la rade de Brest, aux pointes de
Plogastel et de l'Armorique, en même temps que d'autres réquisitions furent adressées aux municipalités de Lampaul, Loc-Mélar,
Locguiler et Guimiliau, où on disait qu'on pourrait se procurer des
écorces de chêne pour faire du tan. — Enfin, une dernière prescrip-
tion, datée du 30 pluviôse, portait qu'on rechercherait dans les magasins et dans les ateliers où on avait confectionné des vêtements
pour la troupe, toutes *les retailles et les lisières* qui pourraient s'y
trouver, afin de faire, à *l'aide de semelles en bois, des chaussures
qui puissent servir aux soldats en activité.*

Tout citoyen, naturellement jaloux de l'indépendance de son pays,
ne put, dans le temps, que souscrire aux mesures, quelqu'étranges
qu'elles fussent, qui purent donner l'espoir de le voir s'échapper
à l'envahissement de l'étranger. Dans cet ordre de faits, je crois que
les meilleurs esprits s'empressèrent de seconder toutes mesures prises
au nom de la patrie et du salut commun. — De leur côté, les représentants, dans leurs décisions, ne manquaient jamais de laisser voir
à quelle responsabilité et à quels désastres tout retard et tout défaut d'exécution pouvaient conduire. Il reste indiscutable que ce
qui fut tenté fut à peu près exécuté. — Mais, à quel prix pour la
sûreté générale et dans quelles conditions, au point de vue du succès lui-même ?

Nous avons dit dans quels embarras la stricte obligation du
maximum avait jeté les producteurs aussi bien que les acheteurs.
Sans sortir de l'article des chaussures, répondant aux besoins aussi
pressants de la population civile que de l'armée, j'en veux citer
encore un exemple. Les districts de Brest et de Landerneau avaient

fixé, par leurs tableaux officiels, le prix de la paire de sabots à 1 liv.,' quand on s'aperçut bientôt que les marchands n'en avaient plus à vendre. — Un procès-verbal de gendarmes envoyés en mission dans le canton de Saint-Renan, voisin de Brest, apprit soudainement, à la date du 4 nivôse an 3, que plusieurs coureurs, venus des environs de Carhaix, distant de plus de vingt lieues, circulaient et vendaient, dans le district de Lesneven, des sabots au prix de 5 et 6 liv., en contravention aux lois sur le *maximum*. — Un rapport fut immédiatement dressé, et la saisie de 204 paires de sabots, avec les charrettes qui servaient à leur transport, fut prononcée ainsi que l'arrestation des trois voituriers qui les conduisaient. Les sabots furent déposés à la mairie de Saint-Renan, en attendant que les représentants en décidassent. — Mais cette pénurie et ces fraudes n'étaient pas rares, et ce qui le prouve, c'est, comme nous l'avons dit, que le Comité de Salut public lui-même, s'en émut, et que, le 11 brumaire, il prit un arrêté où il est dit *que la disette des sabots se faisant sentir dans toute la République, et ce genre de chaussures étant une très grande ressource pendant la saison rigoureuse..... les bois ordinairement employés à la fabrication des sabots seraient mis en réquisition, dans toute l'étendue de la République, ainsi que les fabricants.* La commission de surveillance préposée à l'exécution du présent arrêté, devait s'assurer que la fabrication, calculée sur les besoins de la consommation, *dépasserait celle-ci de plus d'un quart.*

L'arrêté est curieux sans doute, et empreint d'une tendre sollicitude pour le paysan, mais il est encore plus significatif, et il prouve jusqu'à l'évidence, que l'industrie privée et l'initiative personnelle des citoyens étaient désormais frappées d'une complète paralysie. La décision du comité de Salut public portait les noms de Merlin (de Douai), de Cochon, de Guyton, de Prieur, de Thuriot, de Carnot et de Cambacérès. - - Elle était contre-signée des représentants Villers, Desrues, arrivés depuis peu de jours à Brest ; elle fut imprimée dans cette ville et affichée dans les départements de la Bretagne. — Quant à son exécution, un arrêté ultérieur, pris par Faure et Tréhouart, prescrivit à différents districts d'avoir à faire fabriquer, dans chaque commune, par les sabotiers mis en réquisition, 8 paires de sabots par décade, et de prendre le soin de *les faire distribuer à ceux qui, au vu de leur municipalité, en auraient le besoin le plus urgent, au prix du maximum, et d'après le mode qui serait déterminé par l'administration du district qui s'en fera rendre*

compte à chaque décade, et, dans la décade suivante, aux repré-
sentants eux-mêmes, défendant à tout sabotier résidant dans le
Finistère de passer dans d'autres départements.

« Nous sommes, citoyens administrateurs, effrayés de l'insouciance cou-
pable avec laquelle vous bravez les suites de la responsabilité terrible qui
pèse sur vos têtes; (c'était le moment où le tribunal révolutionnaire dé-
ployait le plus d'activité); vingt lettres pressantes vous ont été adressées,
pour hâter le départ des troupes de 1re réquisition; la plupart restent
sans réponse, toutes restent sans exécution.....

« Notre devoir et notre propre sûreté nous forceront à livrer à la juste
sévérité du Comité de Salut public, les administrateurs de district qui
n'auront pas déterminé, dans le courant de la décade prochaine, le départ
de leurs hommes de 1re réquisition.

« Signé : MOYOT, PERRIN, GOEZ. »

Il serait sans doute inutile de pousser plus loin ce tableau du désordre et de la désorganisation qui se manifestaient de toutes parts,
aussi bien dans le cours des habitudes et des besoins de la population, que dans l'exercice des pouvoirs du gouvernement et de l'administration.

Il nous reste à dire comment ces désordres furent, eux mêmes,
poussés jusqu'à leur dernière limite, par suite du déficit des deux récoltes de 1703 et 1704; mais surtout, par la dépréciation, chaque
jour croissante, des valeurs monétaires et par le discrédit absolu
où tombèrent les assignats qui cessèrent d'être acceptés par les citoyens comme par l'administration, celle-ci allant bientôt être forcée
de réclamer en nature et en produits matériels, les impôts et les
taxes qui lui étaient dûs. — Ce fut, on peut le dire, le dernier terme
et la conclusion absolue du *communisme autoritaire* devenu, un
instant, la doctrine indiscutable du Gouvernement Révolutionnaire
décrété par la loi du 10 vendémiaire de l'an 2.

V

Dans cette situation du pays, la Convention, comme les Comités,
se trouvèrent forcés d'aviser à une nouvelle évolution. On peut la
fixer entre le dernier mois de l'an 2 et les avant-derniers de l'an 3,
c'est-à-dire d'août 1704 à mai ou juin 1705.

A l'approche de la récolte de 1704, au mois de messidor de l'an 2,
la Convention, se fiant elle-même aux espérances que pouvait

donner la bienveillante protection de l'*Éternel*, comme on disait
alors, crut à propos d'annoncer à la France entière *qu'une abondante récolte allait mettre fin à tous les sacrifices faits jusque
là pour la conquête définitive de la liberté.*

« La Convention, disait cette adresse, n'a plus de sacrifices à demander
aux citoyens ; elle ne veut leur parler que de l'abondance qui va les entou-
rer de toutes parts. — La nature, elle-même, semble vouloir couronner
les efforts qu'ils ont faits jusqu'à ce moment, et la Convention, dans ce but,
vient de rendre un décret qui déconcertera les manœuvres de la malveillance, en demandant à chaque citoyen le compte de sa récolte... Quel est
celui, qui, tandis que ses frères versent leur sang pour sa défense, pourrait
se refuser à un recensement qui tend à assurer leur subsistance ? »

Cette proclamation, cet appel, se terminait par cette phrase si-
gnificative : *Que tous les Républicains sont frères, et que les facultés et les besoins d'une même famille sont communs à tous ses
membres.*

On se rappellera, d'ailleurs, qu'à cette même époque, et un mois
auparavant, la célèbre fête à l'Être suprême venait d'être célébrée
par Robespierre, marchant à la tête de la Convention, et que, à
quelques jours de là, le 24 prairial an 2, Couthon, l'intime confi-
dent du Maître, inscrivait, en tête de son rapport sur l'établissement
du tribunal révolutionnaire de Paris, que *toutes les idées de la
France, sur les diverses parties du Gouvernement étaient à
changer, et qu'elles n'étaient toutes que des préjugés créés par la
perfidie et par l'intérêt du despotisme.*

Le décret, de son côté, ajoutait que le recensement, fait chez tous
les cultivateurs, serait affiché sans délai et soumis au contrôle d'une
assemblée générale des citoyens qui statuerait sur son exactitude,
toute fausse déclaration devant amener la confiscation des blés dis-
simulés et la condamnation du délinquant[1].

Mais, malheureusement, les promesses articulées dans le message
du 2 messidor, furent vaines ; et la récolte, au lieu d'être abondante,
fut mauvaise. Il fallut donc aviser à de nouvelles mesures. La Convention et ses Comités, pour échapper aux inquiétudes qui les obsé-
daient, crurent que le moyen le plus sûr serait de proroger l'application du *maximum* qui existait depuis un an, et de le rendre obligatoire jusqu'au mois de vendémiaire an IV, quand, de fait, suivant

1. Lois et Adresses de la Convention du 6 messidor an 2.

les termes de la loi du 20 septembre 1793, qui ne lui avait donné qu'une durée temporaire, il eût pu paraître logique de le supprimer à l'occasion de la paix faite récemment avec la Russie et l'Espagne.

Mais que produisit cette prorogation ? Rien, à ce qu'il paraît, car, à quatre mois de distance, la Convention, par un décret du 4 nivôse an 3, fut amenée à le supprimer définitivement, quoiqu'elle en eût prorogé l'application jusqu'au 1er vendémiaire, an 4, pour près d'un an encore[1].

C'est dans ces circonstances que deux nouveaux Représentants, Villers et Desrues, furent dépêchés de la Convention pour venir se joindre à Faure et Tréhouart en mission près les ports de Brest et de Lorient. D'un autre côté, Guezno et Guermeur partaient, à peu près en même temps, pour les départements de l'Ouest, accrédités près de l'armée des côtes de Brest et de Cherbourg, avec mission spéciale de réorganiser toutes les administrations départementales de la Normandie et de la Bretagne.

Mais, dès les premiers actes de cette double mission, la question des subsistances et des réquisitions se présenta à eux sous toutes les formes nouvelles que la suppression du *maximum* ne put manquer d'amener. Les difficultés, au lieu de se réduire, semblèrent se multiplier et devenir plus ardues que jamais.

J'en trouve la preuve dans un arrêté qu'ils furent obligés de prendre à l'égard des coupes et des fournitures de bois entreprises quelque temps auparavant, sous l'empire du *maximum*. Dès que celui-ci a été supprimé, les négociants, les marchands, les fournisseurs et les salariés de toute espèce ont, naturellement, conçu l'espérance de se récupérer par de nouveaux prix, librement débattus, de tous les sacrifices qui leur avaient été imposés en vertu du *maximum*. Tout, fournitures, ventes et échanges, menaça de s'arrêter. Le nouvel arrêté des deux représentants Villers et Desrues autorisa les directoires des districts à servir d'arbitres entre les entrepreneurs et les ouvriers requis pour le service, en leur recommandant, dans ces arbitrages, d'user de tous les moyens que la justice conseille, et de manière que les entrepreneurs, *au-dessus des prix fixés par leurs marchés, aient une indemnité, en proportion avec leurs débours, en même temps que le jour-*

---

1. Une longue circulaire du comité des Approvisionnements, à la date du 11 nivôse, essaya d'aplanir les difficultés qui allaient surgir ; mais elle fut à peu près sans résultat.

naller recevra le juste salaire dû à son travail. — Mais, ce n'était là qu'une imparfaite solution, un essai pour passer d'un régime à l'autre, de la brutale spoliation à l'exercice des droits libres et raisonnés des travailleurs.

Les représentants Guezno et Guermeur essayèrent d'un autre moyen ; ils décrétèrent, par un arrêté du 8 Ventôse an 3, que le prix des grains requis avant le *maximum*, serait fixé par les districts.

Les transactions semblèrent s'arrêter de nouveau, et la disette, la privation de blé et de pain se manifestèrent en quelque sorte sur tous les points, au moment même où le Gouvernement se trouva forcé de renoncer au *maximum*.

A Lorient, par une première lettre du 13 ventôse, le maire et les officiers municipaux s'étaient adressés au Représentant Bruc, qui se trouvait à Vannes ; mais, apprenant que l'un de ses collègues, le Représentant Niou, vient d'arriver à Lorient, ils s'adressent à lui, le même jour, et lui demandent qu'ils soient autorisés à prendre, sur un navire Américain qui vient d'arriver chargé de farines pour le compte du gouvernement, une partie des 1500 quarts de farine qu'il porte, ce secours pouvant seul arracher leurs concitoyens à une famine qu'ils ne peuvent conjurer. Les habitants ne recevaient qu'une demi-livre de pain par jour. — A Belle-Ile et au Port-Louis, dépendant de la place de Lorient, le dénûment était encore plus grand, et le général Boucret, écrivant au général Chérin, chef d'état-major de Hoche, lui faisait savoir que tous les magasins étaient vides et que, sans tarder, on serait réduit à manger les chevaux de l'île et de la garnison. — A Vannes, le général Josnet se plaignait au représentant Bruc [1] que les hommes de la garnison étaient au moment de s'insurger et que le pain qu'on leur donnait ne comprenait pas 3/4 de froment. — A l'Ile-de-Groix, deux capitaines qui y tenaient garnison, en nivôse an 3, (Janvier 1795), disaient que leurs hommes, dont une partie étaient des Parisiens, manquaient même de bois pour chauffer leurs aliments et n'avaient point de capotes pour se garantir du froid dans les chapelles humides où ils couchaient [2].

A Saint-Malo, le dénûment était le même, et cette ville s'étant entendue avec Rennes, pour envoyer, dans les Côtes-du-Nord, des com-

1. Lettre de Bruc à ses collègues, du 10 germinal.
2. Lettre au Représentant du peuple.

missaire chargés de rechercher quelques grains que l'on put acheter, ceux-ci rencontrèrent dans le district et dans le conseil de la commune de Lannion, une opposition formelle à tout enlèvement de blés, fondée sur ce que tous les blés pouvant exister dans leur circonscription avaient été requis pour le service de l'armée, sur les ordres des deux représentants Guezno et Guermeur.

Un peu plus tard, cette espèce de désordre et cette confusion dans les réquisitions s'étant plusieurs fois produites, le comité de Salut public prit, à la date du 29 prairial, un arrêté pour interdire *tout changement de destination donné à des approvisionnements déjà commandés.* Mais que pouvaient ces décisions qui se croisaient incessamment et se contrariaient les unes les autres? Les menaces du comité de Salut public ne pouvaient rien elles-mêmes. Il y en eut de très sévères, dès le 7 ventôse.

A Brest, à Lorient, à Port-Malo, la ration du pain des militaires avait été réduite à une demi-livre. Une lettre de Brue, du 28 ventôse, faisait savoir à ses collègues Guezno et Guermeur que Vannes n'avait plus que pour très peu de jours de vivres.

Morlaix disait que son conseil général de commune s'était mis en permanence, que, *depuis plus de onze mois, tous les habitants étaient réduits à une livre de pain par jour et que la municipalité venait d'être obligée de fixer ces livraisons à une demi-livre, et, qu'à partir du jour même, (le 13 nivôse), il ne lui restait aucun moyen de continuer cette faible ressource*[1].

Une nouvelle réquisition de 13,721 quintaux de blé de toute espèce venait d'être faite dans le district, pour le compte de l'armée.

On conçoit facilement quels ordres se multiplièrent sur toutes ces

---

[1]. Par un nouveau recensement des blés, prescrit à quatre mois de là dans toutes les communes du district de Morlaix pour aviser à l'alimentation de cette ville, nous voyons qu'en prairial, (juin 1793), la commune de Plougaznou n'avait plus que 27 livres de grains par personne, pour 2,674 habitants; que Piourin comptait à peine 40 livres par habitant, pour une population de 1,083 individus; que Lanmeur, sur 2,367 habitants, avait à peine 46 livres de grains par personne; Plouénan, pour 2,573 habitants, possédait 1,233 quintaux de grains divers; Plelber, pour 2,877 habitants, possédait 786 quintaux de grains; Plouigneau, pour 3,669 habitants, accusait 1,179 quintaux de grains. Toutes les autres communes étaient dans la même position, et résistèrent aux ordres partis du district et à toutes les réquisitions qui leur furent faites. — Dans le district du Faouët, (Morbihan), les sans-culottes-montagnards, dans une pétition adressée au représentant Laignelot, réclamaient *l'égalité du pain noir de seigle* pour tous les patriotes, et se plaignaient que leurs voisins de Quimperlé *se permissent de manger du pain de fine fleur de froment.*

7

questions, quelles tentatives furent essayées de part et d'autres, quelles recommandations partirent des comités de la Convention, soit de celui des Approvisionnements, soit du comité de Salut public lui-même.

Rennes avait eu déjà quelques émeutes, et, nulle part, on n'était sûr du lendemain. C'est au plus fort de cette crise, que Faure et Tréhouart crurent devoir s'adresser à leurs collègues du Salut public, pour leur signaler la position désespérée où ils allaient se trouver. — Que répondit le comité, dépositaire effectif de la souveraineté nationale ? Voici sa réponse, datée du 11 ventôse An 3 :

« Nous avons fixé particulièrement notre attention sur la pénurie des subsistances que vous subissez à Brest. Après nous être fait rendre, à cet égard, tous les comptes qu'on est à portée de nous fournir, nous nous sommes assurés que tous les moyens étaient pris pour venir promptement à votre secours. Mais, comme ces moyens tiennent, pour la plupart, à un concours de circonstances qu'il n'est pas donné à la prudence humaine de diriger à son gré, nous ne pouvons vous assigner l'époque précise des arrivages, ni même la quantité déterminée des approvisionnements. En attendant, nous approuvons les mesures provisoires que vous avez prises. » Etc., etc..

La transmission de cette lettre aux administrations départementales, par Faure et Tréhouart, à la date du 17 ventôse, aportait qu'ils allaient redoubler de zèle, mais que la situation restait extrêmement grave.

« Depuis six jours, ajoutaient-ils, les équipages de l'armée navale ont un repas en biscuit, et les ouvriers reçoivent, tous les trois jours, leur ration de riz. Si cela dure encore quelque temps, les expéditions ordinaires ne pourront s'exécuter, car le biscuit et les vivres de mer seront consommés. »

On peut justement se demander ce qu'il advint de tant d'impéritie et de tant de privations imposées à l'armée comme à la population entière. — Nous ne saurions le dire autrement que par les détails que nous puisons dans les dossiers des représentants en mission ; mais quelques lettres du Cambon, alors membre du comité des Approvisionnements, et qu'il adressait à ses collègues en mission dans les départements bretons, nous laisseront, au moins, entrevoir ce qui se passait à la Convention. Dans les comités, l'inquiétude était au moins égale à celle des représentants en mission.

J'ai, sur ce sujet, jusqu'à sept lettres de Cambon, écrites au jour le jour, et qui mériteraient d'être transcrites dans toute leur étendue[1].

La première est écrite du bureau de Boissy-d'Anglas, qui était membre du comité de Salut public, et datée du 6 germinal, à une heure du soir.

« Le Comité de Salut public est assemblé, et on présume, avec bien du fondement qu'il s'occupe des subsistances. Des commissaires de plusieurs départements sont ici, et le motif de leur députation est les subsistances. De toutes parts l'on demande, et le comité est dans le plus grand embarras.

« Je ne puis, dans cet état de choses, vous donner aucun résultat. J'ai beaucoup conféré, mais ce ne sont que des conjectures et des préparatifs pour obtenir une décision dans la journée de demain.—Comptez, citoyens Représentants, sur mon zèle à répondre à votre confiance.

« Je vois de la fermentation dans les esprits. D'un côté, on agite le peuple ; de l'autre, on arrête l'arrivage des subsistances. Ainsi, les complices de la tyrannie, qui ne peuvent se sauver qu'à la faveur de l'anarchie, cherchent à égarer le peuple, en allumant la guerre civile...

« Je vous écrirai demain ; il est à désirer que je puisse vous donner de bonnes nouvelles. Quoi qu'il en soit, il faut vous préparer à agir pour amener le versement des subsistances, ou pour faire vivre les troupes dans leurs cantonnements respectifs.

« Salut et fraternité,

« CAMBON. »

« Le Mailhaud, (de Vannes) et un représentant de la députation d'Ille-et-Vilaine sont ici ; nous attendons aussi Dubignon (de Nantes)[2]. »

« Paris, le 7 Germinal, l'An 3 de la République.

« J'ai enfin obtenu une courte conférence avec notre collègue Boissy-d'Anglas ; il en a ajourné le résultat à une heure. Mais quel sera le succès ? Je ne puis le prévoir. Paris occupe tellement les comités du gouvernement qu'il est impossible de les écarter de ces occupations pour conférer sur d'autres objets. J'ai, néanmoins, appris qu'il était arrivé des denrées au Havre et à Brest. C'est un membre du comité qui en a fait la confidence à notre collègue Le Mailhaud, pour calmer ses inquiétudes. J'ai cherché, dès lors, à connaître la distribution de ces denrées. L'approvisionnement de Paris y entre pour beaucoup, et si nous obtenons quelques secours, ils

1. Cambon était d'Uzès, et député du Gard. Attaché au parti des Girondins, il s'était montré constamment dévoué aux mesures les plus modérées.

2. Une longue lettre de Mailhaud à Brue et Guezno, en date du 22 germinal, essayait, de son côté, de rassurer ses collègues, en leur disant qu'on parlait à la Convention de la présentation, au premier jour, d'une réforme des finances qui devait produire le plus heureux effet et suppléer au discrédit momentané des assignats. (Toujours les mêmes illusions !)

ne seront que provisoires, afin de ne porter aucun obstacle à la pacification... Tout le monde au surplus convient que la guerre la plus cruelle des Brigands de la Vendée consiste à empêcher les habitants de la campagne d'obéir aux réquisitions, parce que le soulèvement des grandes communes est toujours la suite nécessaire de la pénurie des subsistances et la désorganisation de l'armée. Il est donc digne de votre sollicitude de proposer les moyens coercitifs pour assurer l'effet des dernières réquisitions...

« Je vous écrirai demain : ma lettre devra déterminer votre dernière résolution. J'espère, d'ailleurs, que le comité de Salut public vous écrira aussi. — Si ce comité vous accorde des denrées du Havre, je m'y rendrai pour en hâter l'expédition. — Si c'est le port de Brest qui doit les fournir, je demanderai qu'il vous soit expédié un courrier, parce qu'il n'y a pas de temps à perdre... »

Mais, hélas ! plusieurs jours se passèrent encore sans solution, et, quoi que pût faire le zélé député Cambon, il ne put arriver à rien avant le 15 germinal, jour où, enfin, le comité de Salut public se décida, non à envoyer des blés à Lorient, à Vannes, à Brest, où la famine devenait, chaque jour, plus imminente, mais à décréter que la quantité *d'un million pesant de fer, propre aux travaux de l'agriculture, serait mis à la disposition des représentants du peuple délégués près des armées des Côtes et de Cherbourg, pour l'échange de cette quantité de fer, contre des grains, en traitant avec les agriculteurs ; ces grains devant être affectés à l'approvisionnement de l'armée des Côtes de Brest et de Cherbourg* [1] ;*

Je n'ai pas besoin de dire que la situation de la population entière n'en fut pas changée. Cambon, dans ses lettres multipliées chaque jour, continua à encourager ses collègues, avec cette vaillante énergie qui le distinguait, et son dernier mot fut, après leur avoir envoyé, dès le 14, une copie de l'arrêté que le comité ne signa que le 15, de les engager à redoubler de vigueur, leur disant en propres termes : « *Que la force devait agir, et que le plus grand malheur « qui pût arriver serait la disette dans l'armée.............* »

« Agissez, agissez donc : Car ce n'est pas tant la pénurie actuelle qu'il faut faire disparaître, que la récolte prochaine qu'il faut assurer. »

La correspondance des districts avec les représentants, à l'occasion des fers proposés aux cultivateurs en échange de leurs grains, prouve, au reste, que ces échanges furent peu nombreux, et que les

1. Cet arrêté était signé par Boissy, Merlin de Douai, Merce, Sieyès, Chazal, Rewbell, Fourcroy et La Porte.

distances et le défaut d'attelages empêchèrent presque toutes les
communes de se rendre à Moisdon, près de Châteaubriant, dans
la Loire-Inférieure, pour y prendre les fers qu'on mettait à leur
disposition. Pour répondre à ces nouvelles difficultés, les deux représentants Topsent et Palasne-Champeaux furent obligés, le 27
germinal, de prendre un nouvel arrêté applicable *au Finistère et
aux départements environnants*, par lequel il fut dit : « Que les
cultivateurs, étant dans l'impossibilité de réparer leurs instruments
et de continuer leurs travaux, il serait envoyé dans les chefs-lieux
de district et de canton, des *fers plats de Suède, des cuirs et de
'eau-de-vie* [1], qui seraient extraits des magasins de la marine pour
être échangés contre des blés. » — Les districts, appelés à fixer le
taux des échanges, s'arrêtèrent à des bases fort différentes. Châteaulin demanda 100 livres de fer pour 100 livres de froment ; Quimper
ne demanda que 40 livres, et le district de Guérande, dans la Loire-
Inférieure, demanda jusqu'à 134 livres. — Faits qui prouvent, une
fois de plus, jusqu'où la confusion devait arriver en toutes choses,
mais, en même temps, à quels degrés différents de dénûment et de
pénurie étaient tombées certaines communes.

En ventôse, dans le mois qui précéda ces projets d'échanges, le
district de Quimper était en retard de 8,575 quintaux de blé, sur
une réquisition de 23,000 quintaux qui lui avait été faite. Les districts de Lesneven et de Quimperlé devaient encore 7,000 et 5,000
quintaux, et les menaces répétées des représentants Faure, Tréhouart, Villers, Desrues, Champeaux et Topsent n'y avaient rien
fait.

On peut, au reste, se figurer à quel état de dénûment toutes les
communes du Finistère, en particulier, devaient se trouver en ce
moment pour les fers comme pour les blés. Le représentant Jean-
Bon-Saint-André ayant prescrit, un an auparavant, le 30 ventôse
An 2, qu'on recherchât, dans les rues, chez les particuliers et sur les

---

1. « Un bon républicain tel que moi, disait Brutus-David, chef de brigade, le 1er
ventôse An 2, (Mars 1794), à l'administration départementale du Finistère, ne doit
pas se taire ! Il est affreux que des défenseurs de la République, dont la santé
est altérée par les fatigues de la guerre, gémissent après une goutte d'eau-de-vie, et
qu', s'ils veulent s'en procurer quelque p u, il faut qu'ils le payent au poids de l'or,
et encore de très mauvais cru, et dont les appointements ne suffisent pas à se procurer ce petit soulagement ; et voir que ceux qui devraient faire exécuter les lois, les
enfreignent. Voilà mon avis tel que j'envisage la chose ; réfléchissez-y ; j'enregis-
tre ma lettre. Salut et fraternité,

« BRUTUS DAVID. »

édifices publics, tous les fers qui auraient pu servir au lestage des navires de la flotte, le 4ᵉ article de son arrêté portait : « Que les administrations des districts feraient, sur le champ, enlever de tous les
édifices nationaux, les fers qui n'étaient pas nécessaires à leur conservation ou qui pourraient être remplacés par d'autres matières. »

Voilà quelle était la situation sinistre et désespérée de la France
entière, au moment où les mois d'avril et de mai allaient, comme
une pensée réparatrice, animer la végétation d'une nouvelle vigueur
et orner les campagnes de leur parure la plus brillante.

Mais qu'espérer et attendre de ces promesses du ciel ? Les citoyens
de toute condition, à la ville comme à la campagne, étaient arrêtés
dans leurs entreprises ; les fonctionnaires avaient abandonné leurs
fonctions. La stérilité s'était, en quelque sorte, immobilisée devant
la création incessante des assignats sans valeur qui paraissaient
chaque jour, en même temps que le numéraire se retirait de la circulation pour échapper aux rapacités et aux réquisitions qui
n'avaient ni terme, ni mesure [1].

L'histoire des assignats n'est plus à faire ; mais, pour compléter
le tableau du *communisme autoritaire* que nous essayons de dé-
crire, il nous restera quelques mots à dire du rôle que joua cette
valeur fiduciaire dans le cours des années où les *réquisitions et le
maximum* devinrent la base de toutes les transactions du commerce
et de la simple consommation.

Après avoir dit comment les *réquisitions* à main armée et le *maximum* déterminèrent la rareté de toutes les choses utiles à la vie
et compromirent, un instant, jusqu'à l'entretien des forces vitales de
la nation, il faut exposer, d'une autre part, comment les assignats,
valeur fictive et mensongère, concoururent à précipiter la ruine
définitive de toutes les ressources du pays.

Pour cela, nous ouvrirons une dernière fois les dossiers que nous
ont laissés les représentants qui parcoururent nos départements
dans ces temps malheureux ; et en retrouvant, avec les minutes de
ces arrêtés, la correspondance des administrations locales qu'ils eurent à diriger, nous aurons, je crois, le dernier mot de ce système

---

1. Les administrateurs du district de Loudéac, (Côtes-du-Nord) écrivaient, le 8
Floréal An 3, aux représentants Guezno et Guermeur, qu'ils ne pouvaient remplacer deux de leurs collègues qui s'étaient retirés, parce qu'avec beaucoup de travail, *leur traitement se réduisait à rien, par suite de l'énorme discrédit des assignats.*

que des partisans, peu éclairés, tentent vainement d'élever à la hauteur d'une doctrine de salut public.

En notant, en passant, l'action qu'eurent les nombreuses émissions d'assignats sur la fortune publique, je n'ai sans doute pas besoin de rappeler que leurs cours furent changeants et variables comme les événements qui les ont produits.

On commença, dès le mois de décembre de 1789, à en lancer par centaines de mille francs, remboursables sur le Trésor public et plus tard hypothéqués sur les biens des émigrés avec un intérêt qui varia de 5 0/0 à 3 0/0. Mais ces modestes émissions prirent un élan rapide en très peu de temps. Dès 1790 et 91, on en lança par millions et par centaines de millions ; en 1792 et 1793, on en décréta jusqu'à trois milliards à la fois. Quelques historiens disent qu'il en fut émis pour une somme totale de 140 milliards. Je préfère m'arrêter au chiffre qu'en a donné le marquis d'Audiffret, savant et très renommé financier, qui en fixe l'émission à 45 milliards[1]. Quoiqu'il en soit de ce chiffre, il arriva que la fabrication de ces valeurs fut illimitée et sans contrôle suffisant, et que le caractère comme le motif de chacune des émissions furent en quelque sorte étrangers à toute règle appréciable autre que celle imposée par des besoins qui se faisaient sentir au fur et à mesure des événements.

La conséquence inévitable de ces excès fut de discréditer très promptement la valeur d'un papier auquel toutes les classes de la population refusèrent une confiance suffisante pour en assurer la circulation.

Si j'ouvre les mémoires du temps, comme la correspondance des administrations locales, je vois que, dès les derniers mois de l'an II, quand la Convention fut obligée elle-même de décréter la suppression du *maximum*, comme un moyen de faire renaître la confiance qui s'était ébranlée partout, il arriva que, d'un bout à l'autre de la France, les approvisionnements et les achats de denrées ne purent plus se faire. Les fonctionnaires, de leur côté, privés de leurs appointements, même en assignats, ne trouvaient pas le moyen d'avoir du pain. L'armée, malgré les efforts répétés pour son entretien, manquait à la fois d'aliments et de vêtements.

J'ai beaucoup de lettres sur ce sujet, entre autres celle d'un capitaine, en garnison à Belle-Ile, qui demandait en grâce qu'on lui ac-

1. Rapport lu à l'Académie des sciences morales et politiques, en 1866, à l'occasion du concours sur le Contrôle dans les Finances.

cordât quelques aunes de drap des magasins de la République parce
qu'il n'avait même pas de culotte pour sortir. « Les troupes que je
commande sont sans chemise et sans souliers, et moi sans culotte[1]. »
Le représentant Corbel, visitant, le 24 prairial, une canonnière,
garde des côtes du Nord, écrivait au comité de salut public que l'é-
quipage de cette canonnière manquait complètement de vêtements
et d'habillements.

Une lettre du général Chabot, commandant le département du
Finistère, disait, de son côté, que les hommes préposés à la garde
des côtes désertaient de toutes parts, faute d'aliments, de souliers
et de vêtements[2].

Le même dénuement et les mêmes embarras existaient partout.
Dans l'Ille-et-Vilaine, dans le Morbihan et dans les Côtes-du-Nord
comme dans le Finistère, on ne pouvait rien obtenir des gens de la
campagne avec le papier poinçonné par les fonctionnaires de la République. Rennes, Vannes, Lorient, Saint-Malo, Brest, comme nous
l'avons déjà fait remarquer, élèvent la voix et disent que les assignats sont si complètement dépréciés, que personne ne veut les recevoir, ni pour leur valeur nominale, ni pour leur valeur réduite
suivant les arrêtés des administrateurs. Des plaintes du même genre
arrivaient de partout à la Convention comme à ses comités; et depuis deux ans Lyon, Bordeaux, Le Havre et une foule d'autres
villes ne cessaient de faire entendre leurs doléances.

Parmi ces villes, Angoulême, au mois de messidor An 3, jeta un
dernier cri de désespoir qui fut jusqu'à dire que les propriétaires,
menacés dans leurs propres intérêts, allaient être forcés d'abandonner le sol lui-même, si les plus promptes mesures n'étaient prises
pour régler leurs relations avec leurs fermiers qui persistaient à
solder leurs comptes en assignats[3].

D'une autre part, il ne faut pas oublier que la France entière,

1. Lettre du capitaine Maray, premier bataillon de la Gironde, du 9 prairial an II.
2. Lettre de prairial An 3 à l'administration départementale du Finistère.
3. La pétition des *propriétaires de maisons et domaines du district d'Angoulême*, qui fut approuvée par la municipalité de cette ville et les deux administrations
du département et du district, faisait observer, avec raison, qu'en quand les baux à
ferme avaient été contractés, les prix de ferme n'avaient pu être calculés que sur *la
valeur relative des produits et celle du signe représentatif*. Mais qu'en l'An 3, le fermier faisant ses paiements en assignats qui subissaient une dépréciation de 80 à 90
p. 0/0, il arrivait que le propriétaire était frustré de 8 ou 9 dixièmes de son revenu,
et se trouvait obligé de contracter *personnellement des dettes considérables qui le
forçaient promptement à abandonner sa propriété*, pour arriver à la plus extrême misère et à une mort cruelle et inévitable.

et depuis longtemps, était inondée de faux assignats qui allaient chaque jour en se multipliant. On parla de vérifications à poursuivre à l'égard des assignats qui circulaient ou qui étaient émis à nouveau. Mais que faire? Les mesures qui sont annoncées ou prises augmentent l'inquiétude des marchands comme des acheteurs; et le district de Rennes, s'adressant à la Trésorerie nationale, lui disait, dès le mois de prairial de l'An 3, qu'il *s'était répandu dans le pays une quantité si effrayante de faux assignats que ce malheur irréparable détruisait le commerce et empêchait les arrivages de denrées, les cultivateurs craignant surtout d'être trompés, et préférant ne rien vendre.*

Dans une seconde lettre, adressée aux représentants à deux jours de distance, le 26 frimaire, les mêmes administrateurs disent que *la vente des meubles des émigrés ne pouvait même plus se faire, parce qu'on ne trouvait pas d'officiers publics qui voulussent s'en charger; et que dans les campagnes personne ne se présentait pour remplir les fonctions de percepteur des contributions.*

Le receveur des domaines (lettre du district de Rennes à la Trésorerie nationale) chargé, comme vérificateur, d'inspecter les assignats mis en circulation et de retirer ceux qui sont reconnus faux, ne peut suffire à cette besogne. *Requis de jour et de nuit par le comité révolutionnaire pour descendre chez différents particuliers, il lui est impossible de vaquer à ses autres affaires.*

Pour se faire une idée complète de ces inextricables difficultés, il ne faut pas oublier, en effet, qu'outre les innombrables assignats, vrais ou faux, qui circulaient, il y avait, d'une autre part, *les billets de confiance*, non moins nombreux et de minime valeur, depuis 2 et 3 sols jusqu'à quelques livres, que toutes les communes avaient lancés comme ressources locales fondées sur de prétendues *caisses patriotiques* généralement très peu sûres [1].

Voilà ce qui se passait dans tous les départements comme dans les communes. Ce n'est pas toutefois que l'autorité et les corps armés manquassent d'énergie et de résolution.

Voici un exemple de ce qui se passait: une pauvre femme nommée Le Hello, veuve Dumaine, est arrêtée et mise en prison avec sa fille par suite du paiement d'une somme de 24,000 fr. en assignats qu'elle avait versée à son créancier. Celui-ci, suspectant ces assignats, alla

---

1. Le nombre de ces caisses, dans les   départements de la Bretagne, s'élevait à 37 à la fin de l'an II. (*Revue numismatique de 1852*).

trouver un magistrat qui supposa que lesdits assignats pouvaient
être faux. Mais le chef du jury crut de son côté que ce magistrat
pouvait s'être trompé, et un avis par écrit, au bas de la pétition
de la pauvre veuve, fit décider que les assignats suspectés seraient
envoyés à Paris pour une vérification ultérieure. C'était le régime
courant. Ceci se passait à Port-Liberté, près de Lorient.

Sur un autre point, au Faoüet, un fusilier du 7e bataillon du Jura
est accusé d'avoir acheté un mouchoir à une revendeuse de Lorient
pour la somme de 40 livres soldée en assignats. Cette marchande
croit que les assignats qu'on lui a donnés sont faux. Plainte est portée
aux officiers du soldat. Il est appelé devant le conseil de discipline, et
acquitté faute de preuves suffisantes.

Que faire pour parer à ce débordement de faux assignats et à la
confiance qui se retirait de jour en jour? Beaucoup demandèrent
la création de bureaux spéciaux composés de délégués des autorités
constituées, des comités révolutionnaires et des sociétés populaires;
quelques-uns allèrent jusqu'à proposer de payer une légère rétribu-
tion aux commissaires qui seraient nommés pour les vérifier[1]. Enfin,
les représentants réunis sur les lieux furent priés eux-mêmes de
prendre une décision. Bruc, Guermeur et Guezno, rendent un arrêté
daté de Vannes où il est dit que :

« Les receveurs des districts continueront à remplir les fonc-
« tions de vérificateurs provisoires; — que les assignats suspectés
« faux, dont la saisie donnera lieu à des recherches, seront déposés
« au greffe du tribunal, et qu'avant de traduire en jugement les
« prévenus de fabrication ou de distribution de faux assignats, les
« pièces saisies seront envoyées à Paris pour une vérification défi-
« nitive... — Ledit arrêté étant exécutoire dans les départements du
« Calvados, de l'Orne, de la Sarthe, de l'Ille-et-Vilaine, du Mor-
« bihan, du Finistère et des Côtes-du-Nord. »

Cet arrêté avait été précédé d'instructions fournies par le comité
des Finances, section des assignats. Elles étaient jointes à la minute
que nous venons de résumer.

Qu'ajouterions-nous qui ne soit déjà su ou compris? Les fonctionnaires, comme nous l'avons déjà dit, ne touchaient leur traitement
qu'en assignats sans valeur et, privés de tout, étaient menacés comme le reste des citoyens de voir le pain leur manquer. Je ne veux

---

1. Lettre du Comité révolutionnaire de Vannes du 6 nivôse.—Lettre du district
de Rennes du 23 frimaire.

retenir dans le récit de ces désastreuses calamités qu'un dernier arrêté du représentant Guezno qui se retira un instant à Audierne, après s'être entendu avec son collègue Guermeur pour trans-
férer le frère de ce dernier, simple douanier, d'un poste de la rade
de Brest à un autre poste où il devait trouver un beau-frère, cultivateur, qui lui donnerait au moins quelques mesures d'orge pour
lui et ses enfants.

Guezno croyait pouvoir prendre à Audierne quelques jours de re-
pos au milieu de ses parents et de ses amis. Mais à peine son arrivée fut-elle signalée que, tout-à-coup, une foule de pétitions, ap-
puyées de délibérations prises par les municipalités de Douarnenez,
de Pont-Croix et d'Audierne, lui arrivèrent pour lui exposer que, si
un prompt secours ne leur était porté, de nombreux indigents ainsi
que des femmes et des enfants, appartenant aux marins qui navi-
guaient sur les vaisseaux de l'État, allaient mourir de faim. Mais où
prendre des blés? Le conseil général de la commune de Douarnenez,
par sa délibération du 11 prairial, répétait au représentant que *rien
n'arrivait au marché, ni blé, ni beurre, ni lait, ni œufs ; mais que
sans assurer qu'il existât des froments, des seigles et de l'orge
dans le canton ni même dans le district, il pourrait certifier
qu'il n'y manquait ni d'avoine ni de blé noir*. Pont-Croix et Audierne peignaient la situation dans des termes à peu près identiques.
Enfin, quelques citoyens bien informés assurèrent au représentant
que les approvisionnements faits dans le district pour les besoins de
l'armée devaient comprendre, outre les froments et les seigles requis,
un certain nombre de mesures de sarrazin.

Guezno prit de nouveaux renseignements et il fut établi que les
magasins d'Audierne, de Poulgoazec et de Pont-Croix, possédaient
effectivement 280 quintaux de sarrazin.

Un arrêté du représentant les mit à la disposition des trois communes urbaines de Douarnenez, Pont-Croix et Audierne. Le libellé
de cet arrêté ne s'écarte en rien des termes ordinaires de ces actes
proconsulaires, que les délégués de la Convention prenaient à chaque instant ; mais il s'y trouve, cependant, quelques prescriptions
qu'on ne peut omettre.

Il fut dit, en effet, que les communes qui prendraient livraison de
ces mesures de blé noir les paieraient à raison de 30 francs le quintal et que le montant en serait versé au Trésor public sous leur responsabilité ; d'une autre part, que ces communes les vendraient ou
les distribueraient aux habitants les plus nécessiteux, au prix qu'ils

pourraient en obtenir ; mais que, si le prix de 30 francs par quintal n'était pas atteint, la commune le compléterait par des *sous additionnels aux contributions foncières du district, afin de parfaire le remboursement des blés remis.* (Art. 6 de son arrêté.)

Cette nouvelle application du régime pratiqué depuis 1793, ne fut qu'une continuation du principe hautement proclamé, dans l'adresse au peuple français du 6 messidor, où il était dit : *que tous les républicains sont frères, et que les facultés comme les besoins d'une même famille doivent être communs.*

Est-il nécessaire de s'arrêter plus longtemps aux malheurs sans nombre qu'un pareil régime ne put manquer de produire ? Si quelque doute restait possible sur l'intensité et l'étendue sans mesure de ces désastres, il suffirait de recourir aux mercuriales que la loi exigea à la suite de la suppression du maximum, comme une occasion de « fournir aux administrations locales le moyen de se guider dans « les marchés et les réquisitions qu'elles auraient à faire ultérieure-« ment. »

Voici celles qui furent dressées à Carhaix, dans un district du Finistère, éloigné des grandes voies commerciales et où les faits se présentent, en quelque sorte, exempts de toute influence étrangère à leur propre nature.

	FLUVIOSE	GERMINAL	MESSIDOR	FRIMAIRE
Quintal de froment (100 livres)	60	120	480	1.200
Quintal de seigle	36	90	250	900
Quintal de blé noir	24	09	110	300
La livre de bœuf.	2	15	18	30
La livre de veau	1 50	2	5	5
La livre de lard	3	8	9	12
Le couple de poulets . . .	6	12	»	»
La livre de chandelles. . .	5	8	18	75
La livre de beurre	4	5	12	21
La bouteille de vin	4	7	9	37 50
La livre de pain de froment.	2	4 50	9	30
La livre de pain de seigle. .	1 40	2	3	7

On voit à quelles variations de prix toutes les marchandises furent

soumises dans le court espace d'une année, du mois de pluviôse de
l'An 3 au mois de frimaire de l'An 4.

Les choses se passèrent à peu près de même dans tous les départements ; à Vannes, les cours avaient subi les mêmes changements, et
j'ai sous les yeux un arrêté du directoire de ce département qui fixe,
au 13 frimaire An 4, les prix du blé ainsi qu'il suit :

Froment	le quintal	1.000 fr.
Méteil	id.	850 —
Seigle	id.	700 —
Orge	id.	650 —
Avoine	id.	800 —

A Brest, depuis germinal jusqu'à la fin de l'An 3, la municipalité,
pourvue de grains de réquisition mis en magasin, distribuait du blé
aux habitants au prix de 1,500 à 1800 fr. le quintal en assignats ou
21 à 30 fr. en numéraire. Mais la position des ouvriers, qui n'étaient
payés qu'en assignats, devint horrible, tous les prix de consommation
s'étant trouvés fixés d'après les prix régulateurs du froment, tant en
assignats qu'en numéraire.

Les choses en vinrent promptement à une telle extrémité que les
administrations locales et les chefs maritimes des ports de Brest et
de Lorient furent jusqu'à proposer de licencier les ouvriers de ces
deux arsenaux. Les représentants Topsent et Palasne-Champeaux
s'en expliquèrent avec le comité de Salut public, par lettre du
18 germinal, et lui dirent qu'ils reculaient *effrayés devant l'idée de
voir cinquante à soixante mille hommes au moment de manquer
de pain.*

Qu'on se rappelle, avec ces tableaux sous les yeux, que, dans la
plupart des communes, les habitants, depuis un an et souvent plus,
avaient été réduits à une livre et même à une demi-livre de pain
par jour, et on aura la juste mesure de ce que put donner le régime
avant d'arriver à la suprême décision du tiers consolidé qui accusa
à la fois son insuffisance et son injustice par un acte de spoliation
arbitraire dont on n'avait jamais vu d'exemple. Qui pourrait, en
effet, avoir oublié que si un tiers des dettes de l'État fut consolidé
d'une manière quelconque, par des rentes au cours variable de l'argent, les deux autres tiers de l'avoir des créanciers de l'État furent
remboursés par des bons territoriaux qui durent à leur tour remplacer

les assignats (feuilles de chêne, comme les appelait le peuple) qui, de 100 fr., valeur nominale et d'émission, étaient tombés à quelques centimes, comme le prouve le tableau officiel que nous en avons relevé dans les archives du Morbihan et qu'on retrouve dans tous les autres départements.

MORBIHAN

COURS DU PAPIER MONNAIE DU 1ᵉʳ JANVIER 1791 AU 5 NIVOSE AN V

Mandats de cent livres.

	1791	1792	1793	1794	1795
Janvier	00 25	70 25	55 50	45 50	24 »
Février	05 50	65 »	50 50	45 »	20 50
Mars	05 »	63 25	55 »	40 »	17 25
Avril	04 50	72 »	47 25	40 »	
Mai	00 »	62 50	51 25	38 »	
Juin	00 25	62 25	39 75	31 »	
Juillet.	05 50	65 75	29 75	38 »	
Août	03 »	65 75	28 75	30 50	
Septembre . . .	01 25	65 75	32 75	31 50	
Octobre	07 75	76 »	33 75	31 50	
Novembre . . .	03 50	78 »	38 25	27 50	
Décembre . . .	01 »	70 25	46 50	28 50	

Mais si ce tableau, édicté officiellement par les assemblées législatives, fut obligatoire par toute la France, il ne faut pas oublier que chaque département eut ensuite à rechercher ce que la dépréciation locale pouvait ajouter à celle que le gouvernement avait cru reconnaître. Je ne saurais dire ce qui se passa dans chaque région ; mais dans le Morbihan un arrêté du directoire de ce département fixa ainsi qu'il suit, le 20 thermidor An 5, la dépréciation supplémentaire du mandat de 100 fr. de l'an 3 à l'an 5 :

EN L'AN III. MANDATS DE 100 FR.

Germinal	de 11 fr. 25 à	16 fr. 75
Floréal	de 7 fr. 25 à	11 fr. 75
Prairial.	de 3 fr. 25 à	7 fr. 25
Messidor	de 3 fr. 25 à	4 fr. 25

Thermidor.	de	3 fr. »	à	3 fr. 75
Fructidor	de	2 fr. 50	à	3 fr. »

AN IV. MANDATS DE 100 FR.

Vendémiaire	de	1 fr. 75	à	2 fr. »
Brumaire	de	1 fr. »	à	1 fr. 75
Frimaire	de	0 fr. 50	à	1 fr. »
Nivôse	de	50 fr. »	à	0 fr. 75
Pluviôse	50 centimes			
Ventôse.	de	25 fr. »	à	50 fr. »
Germinal	de	20 fr. »	à	26 fr. 75
Floréal	de	14 fr. 75	à	20 fr. 25
Prairial.	de	6 fr. »	à	21 fr. 25
Messidor	de	0 fr. 50	à	11 fr. 25
Thermidor.	de	1 fr. 25	à	6 fr. 50
Fructidor	de	3 fr. 25	à	7 fr. 25

AN V. MANDATS DE 100 FR.

Vendémiaire	de	4 fr. 25	à	5 fr. 50
Brumaire	de	3 fr. 25	à	6 fr. »
Frimaire	de	2 fr. 50	à	4 fr. »
Nivôse	de	2 fr. »	à	3 fr. » [1]

La loi de vendémiaire, celles du 8 nivôse et du 7 pluviôse An 6, édictées d'urgence par le conseil des Anciens, furent comme la clôture de ce régime qui confirma, en quelque sorte, les sacrifices imposés au plus grand nombre par l'établissement du *tiers consolidé* pour toutes les créances que les particuliers avaient sur l'État, les deux autres tiers devant être remboursés en bons territoriaux qui, depuis l'An 4, perdaient de leur valeur nominative à peu près autant que les assignats. L'état officiel du département de l'Orne nous apprend que, quand l'assignat de 100 fr. était tombé dans cette région à 30 centimes, le mandat territorial de 100 fr. ne valait plus lui-même que 7 à 8 fr.

Dans les départements de la Bretagne, la dépréciation fut la même et dans le Morbihan, (comme nous venons de le voir,) elle tomba même plus bas. Cet état de choses s'était donc produit partout, en même temps que les emprunts forcés faisaient leur apparition. Celui du 10 frimaire An 4 avait été porté à 600 millions, recouvrables

1. Arrêté de l'administration centrale du Morbihan, Vannes, le 29 thermidor an V.

en valeur métallique, les assignats n'étant admis qu'au centième de leur valeur; aussi le législateur de l'An 4 en promulguant la loi du 28 ventôse sur la création des bons territoriaux, avait-il été forcé de reconnaître qu'à ce moment *tout rapport entre les obligations particulières et les moyens de se libérer se trouvait complètement rompu.*

Mais ce même législateur, frappé comme de cécité par ses propres illusions, fut jusqu'à penser qu'un timbre sec, dont il orna *le bon territorial,* objet de ses espérances, pourrait garantir celui-ci ; et pour cela il décréta à deux mois de son émission, par une loi spéciale du 6 floréal, que ce timbre *représenterait un citoyen recevant la nouvelle monnaie des mains de Minerve éteignant sous ses pieds le flambeau de la discorde !!!*

Que de naïvetés de cette espèce ont ainsi passé dans la cervelle des novateurs de l'époque !

Sans doute ces énormités sont bien oubliées de la plupart de nos contemporains ; mais je crois pouvoir assurer qu'on compterait encore aujourd'hui peu de familles ayant leurs traditions, où l'on ne pût relever la trace et le souvenir des événements que nous venons de rappeler.

J'avais entre les mains, il y a quelques jours, la correspondance d'une jeune châtelaine de mon voisinage, qui fut longtemps en correspondance avec l'auteur de *Paul et Virginie* ; on y voyait qu'en traversant la crise prolongée des dernières années de la Révolution, son dénuement était tel en 1794 qu'elle n'avait pu se pourvoir, ni à Quimper, ni à Brest, des étoffes qui lui étaient nécessaires pour un deuil de rigueur que vint à lui imposer la mort de son père, après celle de son beau-père encore récente.

« Mon cher cousin, écrivait-elle à un de ses parents qui, dans le
« moment, demeurait à Hennebont, à plus de vingt lieues d'elle,
« dites-moi si l'on pourrait à Lorient se procurer du noir. Depuis
« un an je porte le deuil de mon beau-père et j'ai usé toutes mes
« guenilles. J'ai fait chercher à Quimper et à Brest même de quoi
« m'habiller et je n'ai rien trouvé nulle part. Mon père avait une
« robe de palais qui aurait bien fait mon affaire, mais je l'avais
« donnée à Keriner (un de ses autres parents). Si vous ne trou-
« vez rien à Lorient ni à Hennebont, sans compliment, mon cher
« cousin, je vous prierai de m'envoyer, non votre robe, mais celle
« de votre père ou de votre grand-père ; le noir se rapièce et il n'y
« paraît rien. Je vous avoue que je serais très fâchée de ne pouvoir

« porter l'année entière le deuil de mon père. Je n'ai plus qu'un
« seul ajusté qui a quinze ans de date et qui touche à son der-
« nier morceau. Si vos recherches peuvent me procurer du noir,
« soit neuf, soit vieux, veuillez bien me l'envoyer par messagerie. »

Elle disait, dans une autre lettre, à la date du 3 pluviôse An 3
(22 janvier 1795) :

« La vie que je mène n'est pas couleur de rose, car je passe une
« grande partie du jour dans l'obscurité. Depuis que le soleil se
« couche, jusqu'au souper, nous causons au coin du feu sans autre
« lumière. Nous allumons la chandelle pour le repas qui n'est pas
« très long, puis pour nous récréer après le souper, mon mari nous
« fait une lecture. Mais pour ne pas être entraînés trop loin par
« ce moment de plaisir, je mets une épingle à la chandelle et quand
« elle est usée jusqu'au point marqué, vite l'éteignoir; les livres et
« les ouvrages sont ramassés [1]. »

Dans une autre lettre du mois de germinal (mai 1794), elle dit que
le papier lui manque pour écrire et qu'elle est obligée de se servir
de feuilles de papier brouillard sans savoir où elle pourra continuer à
s'en procurer. Et, en effet, je vois qu'au greffe de Quimper, siège de l'administration départementale, le chef de ce service disait qu'il n'avait
plus de papier pour rédiger les cédules des témoins. A Rennes, l'impri-
meur Chausseblanche, dans une lettre aux représentants, du 2 germinal, annonce qu'il ne peut continuer à imprimer le *Bulletin des
lots*, parce qu'il manque de papier, et que les chiffons, pour en fabriquer, manquent aussi. La levée d'une livre de chiffons par habitant, prescrite par arrêté du comité de Salut public, n'avait pas
donné les résultats attendus [2].

A ce même moment d'ailleurs, le 7 floréal, le maire et le conseil
général de la ville de Rennes, s'adressant aux représentants qui se
trouvaient en mission sur les lieux, leur disait que, malgré un secours
de 150,000 fr., qui avait été accordé par la Convention en faveur
des indigents, le pain de 12 livres s'était élevé à Rennes au prix de
25 francs argent.

Tous les citoyens et les fonctionnaires eux-mêmes étaient réduits

---

1. Correspondance de Madame Audouyn de Pompery, publiée par son petit-fils
en 1881.

2. Quelques-uns des états fournis par les communes pour cette levée laissent voir
qu'un tiers ou la moitié des habitants ne répondirent pas à cette réquisition et que
beaucoup de communes ne fournirent même rien.

à ce même état de détresse. Deux administrateurs du département du Finistère, auxquels je l'ai souvent entendu répéter dans ma jeunesse, me disaient que l'un d'eux, dans ces circonstances, n'avait eu d'autres moyens de soutenir les forces de sa femme, alors en couches, que de courir les bois pour tuer des corbeaux propres à lui faire des consommés. Dans les environs de Rennes, les habitants de la campagne faisaient cuire le trèfle et le mangeaient comme des choux.

Nous venons de démontrer à quelles énormités le régime du maximum et des assignats arriva de lui-même. Il n'est peut-être pas inutile encore aujourd'hui, à un siècle de distance, de rappeler ce que les hommes les plus considérables du dernier siècle en avaient cependant espéré, et à quelles promesses et à quelles illusions ils s'étaient laissés entraîner.

Dans des rapports à l'Assemblée nationale datés de 1790, il fut plusieurs fois répété, par le comité des Finances, *qu'il ne devait sortir aucun assignat de la caisse de l'extraordinaire pour satisfaire aux besoins de l'administration..... que tous les dépôts faits au Trésor public, toutes les créances liquides seraient promptement acquittées, que les rentes constituées elles-mêmes, seraient remboursées dans un court délai*[1].

Quant à l'Assemblée nationale, elle assurait, par une adresse aux Français sur l'émission des assignats, que *partout l'ordre, la règle et leur incorruptible gardien, la publicité, deviendraient les garants et la sauvegarde de toutes les propriétés.....* Et ces illusions ne furent pas isolées.

Le 1er février de l'année 1793, au plus fort de la crise, le ministre des finances Cambon, demandant une nouvelle émission de 800 millions d'assignats, après trois milliards qui avaient déjà été émis, disait, avec une confiance imperturbable, que *les assignats étaient désormais d'une solidité que rien ne pourrait altérer, excepté une contre-révolution, ou le retour des anciens pontifes qui voudraient s'approprier toute la fortune publique*[2].

Qu'aurait dit ce savant ministre, à moins d'une année de distance, si, toujours en fonctions, il avait eu à expliquer, en 1795, comment ces mêmes assignats étaient tombés de 100 francs, valeur nominale,

---

1. Rapports de MM. Le Couteulx et Anson.
2. Dans son compte rendu sur les Finances de la République, Cambon estimait à ce moment à 3 milliards les biens saisis sur les émigrés dont il fixait le nombre à 29,000.

à 1 franc et jusqu'à 25 centimes? — De contre-révolution, il n'y en a-
vait pas eu, et les pauvres pontifes, prêtres et prélats (cléricaux de
l'époque) continuaient à se cacher à l'étranger *sans s'être emparés
de la fortune publique.*

Il ne faudra donc jamais l'oublier, le système était complètement
dépourvu de prévoyance et de logique, et, fatalement, tout vint à
manquer, le pain comme le papier, les souliers et les sabots pour se
chausser, les étoffes pour se vêtir, et jusqu'à la chandelle pour travailler pendant les veillées de l'hiver.

Le dernier acte, qui fut la dernière démonstration de ces théories,
se trouve dans la conspiration de Babeuf dont le but fut de ren-
verser, en l'An 5, le nouveau gouvernement qui s'était substitué à la
Convention. Amar, l'ardent promoteur du tribunal révolutionnaire,
Laignelot, qui, avec Prieur, avait professé à Brest les théories que
les nouveaux conspirateurs essayaient de réhabiliter, appuyaient à
nouveau les terroristes, qui, après avoir égorgé le Directoire, auraient rétabli le maximum et les réquisitions forcées.

Qu'on relise les débats de la cour prévôtale où ces hommes furent condamnés et les deux volumes que des amis ont publiés à la
mémoire de Babeuf et on verra que le but, l'objet des niveleurs at-
tardés de l'époque, ne fut autre que celui qui fut poursuivi pendant
les trois fatales années 1703, 1704 et 1705. Je n'emprunte que les
lignes suivantes au procès de Babeuf pour achever la démonstration
que j'ai entreprise :

« Si les classes ouvrières, disaient Babeuf et ses amis, en l'An 5,
« sont tombées dans une si grande misère, c'est que la taxe des den-
« rées (le maximum) et les contributions en nature sur les riches,
« moyens qui, avant le 9 thermidor, avaient éloigné la nécessité de
« recourir à une trop grande émission d'assignats, ont été suppri-
« més tout à coup, et que cette circonstance a forcé les ouvriers à
« aliéner leurs meubles et leurs habillements pour se procurer des den-
« rées dont le prix augmentait aussi rapidement que la dépréciation
« des assignats s'accentuait du soir au lendemain [1]. »

Quand des utopistes, plus rapprochés de nous, reprennent ces
théories dans leurs congrès et leurs assises de chaque jour, qu'il
nous soit permis de leur demander par quelles voies nouvelles ils
comptent préparer le bonheur ineffable qu'ils promettent à leurs
sectateurs.

---

1. Conspiration de Babeuf, t. I, p. 128 et 129.

Il est indiscutable que le maximum et les emprunts forcés, les assignats et les expropriations, soutenus par des réquisitions à main armée, n'ont réussi dans le passé qu'à troubler l'ordre et à jeter toutes les classes de la société dans la plus profonde misère.

Le régime avait compromis la liberté du travail. — Celui-ci s'arrêta ou devint improductif.

Kernuz, près Pont-l'Abbé (Finistère). décembre 1884.

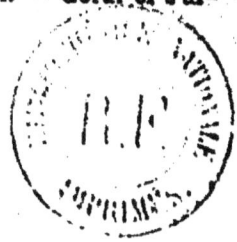

Imprimerie d A. Vincent Forest et Émile Grimaud, place du Commerce, 8.

www.ingramcontent.com/pod-product-compliance
Lightning Source LLC
Chambersburg PA
CBHW070858280326
41934CB00008B/1499